AF485558

Las historias de Navelina
© 2019 Quidel Maihue
© 2019 La Batidora Coop. V.
Portada © 2019 Guillermo Santana

La Batidora Coop. V.
Batidora Ediciones
Tel. +34 642 896 500
www.batidoraediciones.es
info@batidoraediciones.es

Primera edición: octubre de 2019
Impresión bajo demanda - POD
ISBN: 978-84-120423-3-7

Dedicatoria

A mi madre, a ti y al encuentro.

El amor siempre está de moda, es una ley que está en la naturaleza y que tiene la fuerza de inclinar todas las cosas hacia la unidad. El amor es ese impulso potente que, entre otras cosas, utiliza al sentimiento que llamamos amor para lograr su objetivo.

Por eso dedico este libro al AMOR, a esa fuerza que actúa en nosotros y que se introduce en todos los seres provocando: el afecto, los sueños, la ternura, el apego, la devoción, la compasión, la simpatía, el agrado, el cariño, la amistad, la pasión, los celos, los ideales, los sanos propósitos.

A ese misterioso personaje —el Amor— lo conocemos por medio de nuestra capacidad de amar y por los testimonios más cercanos que tenemos en nuestras vidas. Podría dedicar este libro a mi media naranja, lo cual estaría bien, pero conociéndome y conociéndola resultaría insuficiente; sabiendo que el amor no se centraliza en una sola persona sino que se manifiesta en un entorno que nos permite hablar de múltiples amores. Así, al mirar a mi alrededor aparece una figura relevante que con su capacidad amorosa ilumina la historia de las personas con quien se relaciona. Me refiero a la gran matriarca de la familia, mi madre, que en el momento que escribo transita sus 96 años como pocas personas logran hacerlo. Conserva una memoria privilegiada de corto y largo plazo, es una sobreviviente de la adversidad y una inagotable luchadora. Siempre optimista, amorosa, comprensiva, inquebrantable, fuerte, altruista, con una entereza admirable, en paz; con la serenidad que aporta la superación de miles de conflictos resueltos y desafíos que la vida le puso por delante. Ella no da lecciones de amor, es demasiado humilde, pero su existencia es un testimonio vivo de amor y generosidad. Tan fecunda es que sabe llegar al alma de quienes la conocen simplemente por su ejemplo. Bajo su alero cariñoso acoge varias generaciones. Hijos, nietos, bisnietos, tataranietos y una numerosísima familia que han visto en ella un lucero a seguir.

Dedico, además, esta aventura de Navelina a ti, lector, lectora, a cada persona que busca en este mundo la fuente de la felicidad y que sueña con su media naranja. A quienes la han encontrado —dichos@s ell@s— y a quienes están por encontrarla y que espero que perseveren en esta búsqueda, porque de eso se trata: de encontrar. Ese es el gran premio de quien tiene la inquietud de la búsqueda y también dedico el libro a ese resultado al encuentro que es un símbolo de unión.

PRIMERA PARTE

Los orígenes

La separación, origen de
la media naranja

Recuerdo el día en que mi vida cambió, el gran punto de inflexión de mi existencia, el día en que me separaron de mi madre para nacer al mundo, una mano agrietada con callosidades me cogió firmemente, la otra sujetando la rama que me sostenía realizó un giro rápido y certero que me desprendió del lazo que me unía a mi sostenedor árbol. No tuve tiempo de darme cuenta de lo que ocurría en toda su dimensión; el trauma de la separación me dejó en un estado de choque, no había en mí discernimiento ni consciencia de lo que en realidad sucedía. Sentí el vértigo de la caída y fui a parar juntos con muchas de mis hermanas a un canasto que estaba depositado en el suelo. Allí permanecimos un tiempo indeterminado, estábamos desconcertadas y asustadas, no sabíamos que nos estaba pasando ni siquiera sospechábamos lo que nos esperaba tan solo unas horas más tarde.

Pasó el tiempo, no sabría decir cuánto, con sorpresa sentimos que un ser humano nos levantó depositando el canasto sobre sus hombros para encaminarse por una plataforma que lo llevó a la altura de un camión volquete enorme donde vertió el canasto, rodamos agrupadas y fuimos a parar todas a un lugar atestado de naranjas. Había muchas naranjas de familias vecinas, nos reconocíamos unas a otras y con cierta nostalgia recordábamos nuestro pasado, cuando nos mandábamos mensajes a través del viento.

Recorrimos al menos una hora en camión, allí nos íbamos meciendo de un lado para otro al ritmo de los baches y de las curvas el camino hasta que llegamos a un lugar que tenía unas instalaciones enormes. Estaba lleno de camiones que se movían en distintas direcciones, unos entraban otros salían. El ruido era ensordecedor, nos acercamos a la zona de descarga de unos, escuchábamos el pito agudo del camión que nos transportaba, yendo marcha atrás hasta que se detuvo justo donde había un embudo gigante, al detenerse dejó de sonar el pito agudo que invadía nuestros sentidos y que nos producía una gran intranquilidad. Hubo un momento de quietud… de pronto un ruido suave de motor acompañado de un temblor comenzó a elevarnos. La plataforma del camión permaneció fija en un extremo y en la otra nos encumbró hasta alcanzar un nivel de descenso como un tobogán que nos impulsaba hacia abajo.

Por la fuerza de la gravedad descendimos a gran velocidad yendo a parar a un enorme contenedor que en su base se estrechaba haciendo la función de un embudo cuyo fondo tenía una compuerta que permanecía abierta. Era una especie de portón que cumplía la función de dosificador, que nos dejó salir de manera gradual hacia unas largas correas transportadoras que se mantenían en movimiento circulando deprisa. Comenzamos a rodar por las cintas, una que otras generaban pequeños saltos, pasamos por debajo de unas duchas que tiraban agua a presión. Dentro de la incertidumbre y el estrés fue un baño agradable, nos quitó todo el polvo que habíamos acumulado durante el crecimiento, el sudor del viaje y nos hizo sentirnos más naturales.

Después de este breve momento de alivio, entramos en una vorágine sin ningún control. Fuimos a parar a otras correas transportadoras que avanzaban a gran velocidad, luego pasamos por unos lugares que tenían unos agujeros que separaban a las más pequeñas. La mayoría fuimos a parar a otra especie de embudo gigante. A esa altura del recorrido teníamos un mal presentimiento y una sensación muy extraña sobre nuestro futuro. Escuchamos los gritos desgarradores de las naranjas que iban delante de nosotras, estábamos desconcertadas; mis latidos se aceleraron y el pánico se apoderó de mí, sentí una fatiga que producía una sensación de desvanecimiento y desmayo. En la medida que nos acercábamos al origen de los alaridos nuestra inquietud se potenciaba a límites insostenibles. Todo ocurrió muy de prisa, los hechos se iban sucediendo unos a otros sin lograr captar la importancia y trascendencia de lo que ocurría. No tengo palabras ni puedo describir la sensación que sentí cuando una cuchilla muy afilada de manera certera me partió por la mitad separándome en dos. De mis entrañas surgió un grito despavorido; dentro de mi horror tuve la capacidad de mirar hacia adelante y percibir como las demás naranjas que me antecedieron eran exprimidas, unas máquinas mecánicas que funcionaban a una velocidad muy superior a mi capacidad de imaginar, atrapaban por cientos a mis compañeras que eran desjugadas completamente, era una especie de desangramiento quitándoles sus esencias, solo restaban las capas duras, las cáscaras que eran llevadas a un molino y allí las trituraban para terminar en forma de pulpa en unos contenedores gigantes, mientras sus líquidos esenciales eran dirigidos a unos envases que sellaban herméticamente quedando atrapados definitivamente.

Instintivamente, con mi corazón aceleradísimo, salté de la correa y corrí ciegamente, sin tener idea hacia dónde. Corrí y corrí hasta que logré eludir lo que llamaban exprimidor y me di a la fuga desesperadamente. No tuve tiempo de pensar, necesitaba salir de allí lo más rápido que podía. Es imposible transmitir los momentos de terror e impotencia que se siente cuando se huye de alguna situación o lugar donde pueden hacerte desaparecer sin dejar rastro de ti. El miedo a dejar de existir es aterrador y peor se siente cuando la consciencia tiene el registro de haber sufrido un accidente tan grave como el mío, aumentando todas las dificultades propias de quien está partida en dos. Arrastraba una gran herida, una lesión que me mantenía expuesta sintiéndome enclenque, débil. Mi gran herida me hacía sentir vulnerable, pero a mi sentimiento de fragilidad se sumaba la angustia que sentía por la pérdida de toda mi familia, conocidas y amigas.

Abruptamente mi vida había cambiado. Nada era igual a lo anterior, las diferencias eran notables. Había sido separada de todo mi entorno, de un modo inexplicable veía cómo mi mundo social se esfumaba. Mis sentimientos eran muy variados, aparecía el miedo, estaba atónita por todo lo que estaba pasando, surgía la rabia e impotencia no solo por mi entorno que se había desmoronado sino también por lo que sentía conmigo al verme derrumbada sin capacidad de respuesta.

Una vez a salvo y más tranquila descubrí que había sufrido una metamorfosis. Ya no era entera, el sistema me había partido por la mitad, solo poseía conciencia de una parte de mí. Esta metamorfosis me generó unas sensaciones frustrantes y empecé a sentirme carente, frágil, angustiada y pobre. Sentía que nada ni nadie podrían suplir esa pérdida de mí misma, que a partir de ese momento debía transitar por el mundo con la nostalgia permanente de quien sabe que, logre lo que logre, no será suficiente para alcanzar el estado de plenitud total. Claramente mantenía en mi memoria el recuerdo de lo que era una vida plena, un estado de unidad. La impresión de estar partida me acompañaría durante todo el proceso de mi vida como una maldición, como una condena y un sentimiento de añoranza, acompañado por el deseo de recuperar con locura esa bella sensación de armonía y paz que existía en el huerto. A partir de ese momento me resonaban las palabras que anunciaban la existencia de almas gemelas, sentía que en alguna parte del mundo estaría mi otra parte, estaba propensa a soñar con universos paralelos donde imaginaba evolucionando esa parte de mí que no lograba sentir.

En un auditorio improvisado, una pequeña asistencia donde puedo identificar algunas naranjas conocidas me escucha en absoluto silencio, sorbiendo las palabras de mi relato. Navel —una de mis amigas— se atreve a preguntarme:

—¿Aún eres capaz de soñar después de esos sucesos? ¿qué fuerza…? ¿de dónde nace tu ímpetu por encontrar una explicación, por superarlo?

Un sistema Maquiavélico

Fijé la vista sobre Navel y me mantuve en silencio por algunos segundos; la respuesta no puede ser ofrecida de otra forma, que contando la historia de mi vida, la historia que vine a contar:

—No lo sé, solo recuerdo que logré escapar.

Una vez a salvo me alejé del lugar donde millones de naranjas se veían sometidas a un destino fatal, quise formarme una idea de la dimensión de este aparataje que tanto daño hacía. ¡Lo vi! Fue escalofriante percibir el montaje y la manipulación que se acopló alrededor de una enorme máquina. Estaba tomando conciencia de la trampa y el engaño; no sabía si me podía considerar una afortunada por ser testigo, por tener esta visión, esta toma de conciencia. Por momentos pensaba que sí , otras que sería mejor correr la suerte de todas las demás naranjas que estaban sometidas al mismo destino sin que se dieran cuenta, sin percibir la maldición y humillación que caían sobre nuestros destinos, pero me consolaba la idea de denunciar este malvado hecho y darlo a conocer públicamente.

Fui testigo; vi cómo muchas naranjas rodaban hacia su tenebroso destino sin saber lo que les esperaba y lo hacían de una manera distendida; algunas conscientes y otras inconscientes ante el sometimiento al sistema.

Me las ingenié para regresar al sistema en el más absoluto anonimato, no podía marcharme sin más, el peso de la consciencia impidió que solo pensara en mí y abandonara por completo a las demás naranjas. A pesar del miedo y de las sensaciones escalofriantes que pasaban por mis venas me obligué a actuar.

Sigilosamente me acerqué a ellas lo suficiente como para que me pudieran escuchar, busque toda clase de comunicación y me puse a la faena. Procuré despertar a las demás naranjas, sacarlas de la pesadilla que estaban viviendo, quise que descubrieran por ellas mismas y fueran testigo de lo que les estaba pasando, que conocieran la situación y que tomaran consciencia de los peligros a los que estaban expuestas, pero todo fue inútil. Me encontré con la triste realidad que a quienes yo más amaba no me escuchaban, me ignoraban con un claro signo de desprecio. Todas estas reacciones eran viscerales, pues en el fondo estaban ocultando un cierto apego y una tendencia a permanecer en la ignorancia, para luego montarse —por medio de sus creencias— un castillo construido en arenas movedizas, aferrándose a esas creencias como si se trataran de tablones que mantienen a flote a un náufrago.

Todas estas resistencias me hicieron dudar, llegue a pensar que la ignorancia tenía su propia virtud, que la inconsciencia de nuestras acciones y sus consecuencias producen sobre la consciencia un efecto sedante. Deduje que no es que no quieran comprender, era un juicio que yo emitía sobre sus conductas. Esa interpretación me hacía enfadar, sufrir y luchar contra ellas. Hubo un momento en que las críticas que emití fueron muy duras. Traté de hacerles comprender el error en que estaban envueltas. Para mí era evidente que si no querían comprender es porque habían decidido vivir en la ignorancia, sin querer enterarse de nada, quedarse en un estado vegetativo. Yo no podía entender que quisieran estar y existir en un medio trágico, como si no pasara nada.

Pero, claramente la equivocada era yo, no es que no quisieran comprender. Comprender es el resultado de una acción, un acto deliberado de alguien que toma decisiones, pero en este caso era muy diferente, simplemente se trataba de almas dormidas. Y sabemos que cuando tratamos de despertar a alguien que aún no le ha llegado su momento de despertar su reacción es alterada, sus respuestas surgen con resistencias por no querer abandonar el estado de somnolencia. Si presionas a alguien antes del tiempo para salir del sueño lo hace de mal gusto, con molestias y enfados, arremetiendo contra quien intenta interrumpir su estado de reposo inconsciente.

En aquel momento creí estar sola, sin nadie con quien compartir las situaciones de la vida, incluso llegué a pensar que la existencia así no tenía mucho sentido. Caí en una sensación de pesar que me hizo acariciar la idea de dormirme profundamente y renunciar a mi despertar. Era una tentación, un fuerte deseo de unirme con las demás y compartir el sueño de la inconsciencia.

Cultivé por mucho tiempo esta idea, noté cómo me estaba quedando dormida, percibí un cierto sentido de placer que se apoderó de mí, me aferré al consuelo de, al menos, compartir algo con las demás. Sentí la dulzura que provoca el adormecimiento y me quedé quieta. Mis parpados pesaban más de la cuenta y entré en ese estado intermedio en que renuncias a las ganas de todo, sin voluntad, sin discernimiento, sin consciencia; daba lo mismo todo: el cómo te sentías, el lugar, las circunstancias, tu futuro, tus proyectos, tus ilusiones y esperanzas, simplemente quería dormir. Permanecí un tiempo hasta que el manto de la inconsciencia cubrió mi mente, mis emociones; mi ausencia de espíritu permitió que me acomodara a esta tentación tan placentera.

Así me quedé, hasta que un sobresalto me impactó de manera muy violenta, mi corazón se aceleró latiendo a un ritmo apenas soportable, mis emociones se agitaron, mis miedos me invadieron e hizo que me movilizara raudamente. Al despertar me di cuenta de que no era una pesadilla, que las imágenes espantosas que me sacaron del sueño eran reales y que esta alteración repentina tenía su razón de ser.

Esta visión tan cruel de la realidad se llevó mi inocencia, mi ingenuidad se desvaneció por completo. Ser testigo de las más duras realidades que transforman la condición esencial. A veces a este impacto le llamamos madurar, pero yo aún no tenía claro que fuera así.

En la más absoluta impunidad funcionaba un sistema de esclavitud maquiavélicamente pensado, impuesto por la fuerza siguiendo algunos intereses mezquinos, un procedimiento sin sensibilidad ni consideraciones empáticas por los demás, utilizando unos métodos de sometimiento para obtener beneficios económicos, materialistas altamente utilitarios, avasalladores, crueles, maléficos, perversos, desalmados y sanguinarios.

Estaba frente a un sistema maquiavélico, una forma política que lo inventó un tal Nicolás Maquiavelo, político, diplomático, filósofo y escritor italiano que creía que el fin justifica los medios, pensaba Maquiavelo que todos los humanos son perversos y que están preparados para demostrar esa perversión, además señala las consideraciones más oportunas para conservar el poder.

Nosotras las naranjas estábamos sometidas a un sistema perverso donde el fin que se perseguía justificada toda clase de maltrato. Me rebelé contra el sistema asumiendo —a pesar de mi sentimiento de impotencia— una actitud desafiante y orgullosa. Con el tiempo comprendí que una actitud como la mía era catalogada como individualista, egoísta, ignorante y anárquica. Lo más triste es que las demás naranjas me veían de esa manera por el simple hecho de no aceptar esta dinámica, como si yo fuera el problema, la oveja negra. Me sentí incapaz de hacer algo por todas esas pobres naranjas que eran llevadas a este genocidio colectivo. Quería desesperadamente tener una respuesta a tanto dolor y esa incapacidad me despertaba la peor de todas las frustraciones.

Quizás por impotencia surgió entre ellas una inclinación hacia un hábito al que llamaban aceptación. Pero, yo no llamaría aceptación. La aceptación es un proceso de adaptación en que nuestras capacidades internas se ponen en funcionamiento facilitando la relación con la situación a la que se está aceptando.

A este pernicioso hábito, lo denominé resignación inconsciente. En vez de poner la mirada en el sistema defectuoso, las naranjas se cuestionaban a sí mismas generando baja estima y desprecio de sus propias capacidades; creían carecer de voluntad, fuerza y constancia suficientes para revertir la situación. Esa sensación de no estar preparadas, de no ser suficiente las condujo a un adormecimiento aún mayor. Ese letargo no era otra cosa que una forma de desconocimiento de sus propias capacidades y una profunda autodesconfianza.

La Navelina rebelde

Me planteé la idea de ser una antisistema, pues no podía soportar esta forma organizada de esclavitud, mentira, explotación, sometimiento, tiranía y manipulación hacia las naranjas. Esta explotación era muy injusta, no podía ser cierto; no aceptaba la idea de venir al mundo a criarnos para transformarnos en una especie de combustible para este sistema maldito que nos sometía partiéndonos por la mitad; debilitarnos para luego exprimirnos hasta no dejar una sola gota de nuestra esencia y finalmente cuando ya no queda nada desecharnos como algo inservible.

Lo pensé una y otra vez, vi a muchas medias naranjas sufriendo con este sistema tan antinaranjil y no podía con él, la injusticia me superaba y fue entonces que comencé a acariciar la idea de encontrar una forma diferente, otro modelo, algo muy distinto para mí y para las generaciones futuras.

¡Qué tremenda injusticia encierran los sistemas sociales! Es triste darse cuenta y lo peor de todo es que la inercia las arrastraba hacia este fatídico destino e impedía otras opciones, otros modelos, una forma de vida diferente. Las naranjas eran transportadas como manadas, no se les ofrecía la posibilidad de pensar, sentir ni elegir otro fin. Las naranjas ruedan por este sistema en la más absoluta inconsciencia, no alcanzan a darse cuenta de que detrás de estas frías máquinas se ocultan mentes avispadas que se sirven de los demás sin la mínima consideración, sin ponerse en el pellejo del otro.

Lo terrible es que eso a nadie le importa. La indiferencia ante el sufrimiento ajeno, la insensibilidad por el drama que viven los demás es una manera de egoísmo y de ignorancia que no permite reconocer que el sufrimiento que están pasando otros, tarde o temprano puede ser tuyo viviendo situaciones similares. Otro factor demoledor en nuestra forma de pensar es creer que lo que a mí me pasa es lo más importante alejándonos de la necesaria unión social proporcionada por nuestro instinto gregario.

Estábamos siendo esclavas de un sistema creado con unos procedimientos de control y de explotación. Las naranjas éramos solo un número más, tan válidas como las ventajas que se pudieran obtenerse de nosotras y si no… todos ya sabemos lo que pasa.

Lo más triste es que la mayor parte de sociedad naranjil actúa sin consciencia, no se detiene a pensar estas cosas, siguen en la inercia. Si por alguna razón una de ellas se pone a meditar sobre estas cuestiones las demás naranjas la hacen sentirse un bicho raro.

Corren tras su destino resignándose a sufrir la peor de todas las suertes. Piensan que todo está bien y no se plantean cambios reales, argumentando con una desfachatez impresionante «que este mundo es un valle de dolor y de sufrimientos» y que todo el que sufría en este mundo tendría una recompensa eterna en otro plano o nivel. Medité sobre esta forma de pensar y deduje que para pensar así solo podía haber una especie de adormecimiento y lavado de cerebro. Llegué a imaginar que en la cinta transportadora o quizás en algún momento previo a ser retirados del árbol se vertía sobre nosotras alguna substancia química que alteraba nuestra condición natural de naranjas, aniquilando la capacidad de percibir el entorno, adormeciendo todas las facultades sensibles y perceptivas con que podría actuar una naranja. Lo peor de todo y lo más importante es que las atontaban al punto en que perdían la capacidad de percibirse a sí mismas.

Yo había despertado de esta pesadilla, pero estaba inmersa en mi propia tragedia. Sentía el dolor de estar rajada por la mitad, sometida a un éxodo, con una herida abierta sufriendo por varias razones, una especie de ley de Murphy donde se sumaban los hechos de la fatalidad:

Primero: Había sido arrancada de mi hábitat.

Segundo: Me había separado del medio social donde compartía con mis familiares y amigos.

Tercero: Era testigo del exterminio de mis semejantes sin que yo pudiera impedirlo.

Cuarto: Me habían partido por la mitad, por tanto, arrastraba una herida abierta.

Quinto: Además de estar partida, cosa de por sí dolorosa, arrastraba el sufrimiento, la añoranza y una profunda angustia por la pérdida y ausencia de una de mis partes.

SEGUNDA PARTE

La adaptación

Las ilusiones de Navelina

En una pequeña pausa en la narración, Navel me miró con profunda compasión, luego vertió una lágrima, se acercó a mí y me abrazó; entonces proseguí con el sentimiento de estar siendo acogida:

—Me sentí sorprendida por los acontecimientos de mi vida. Después de pasar un hermoso proceso de crecimiento y desarrollo en un ambiente natural, grato y en armonía, sin previo aviso mi existencia cambió de manera estrepitosa y frenética, despertando en mí otra manera de ver, sentir y proyectarme en el mundo.. Los acontecimientos vividos alteraron mis prioridades y modificaron mi manera de relacionarme con el entorno y de percibir mi futuro.

El dolor era intenso pero el sufrimiento era mayor, por momentos me olvidaba… pero la memoria volvía una y otra vez. Quería olvidar el pasado o solo mantener un vago recuerdo del momento de la separación.

En ocasiones tenía la sensación que mi otra mitad me había abandonado, recuerdo que cuando salté para evitar ser consumida por el exprimidor, tuve la esperanza que mi otra mitad me seguiría, pero no fue así.

Sí, quise olvidar, y muchas veces creí haberlo logrado, pero emergían una y otra vez las emociones de aquellos momentos traumáticos de la separación. Mi espíritu era invadido por el miedo, a veces terror y pánico, rabia e ira, otras veces por la añoranza, nostalgia y tristeza. Cuando pensaba en mi otra mitad la incertidumbre me causaba un gran desconsuelo; desconocer el destino que había sufrido. Ese desconocimiento me consumía, después de la separación solo tenía noción de una parte, la otra… pareció hundirse en el gran misterio de la vida.

Una de las grandes angustias que existen en el mundo es el *sentimiento de separación*. Ese sentimiento se hace más intenso y nos hace dudar de nosotros mismos, nos desposee de facultades que ya creíamos conquistadas. He visto a muchos seres, con los cuales me he identificado; naranjas que pensaban que no tenían voluntad, inteligencia, amor, discernimiento, paz ni tranquilidad.

Otro motivo de angustia es la *sensación de pérdida*. Desde el punto de vista de mi yo, lo único cambiante es mi propia realidad, muchos dicen que es otra autentica ilusión, reconozco que todo está en constante cambio y mi ego es una de las expresiones más variadas que existe.

¡Claro!, todos los yos o egos mutan en función de las experiencias de vida. Un yo se siente fuerte o débil en función de cómo está viviendo la realidad y esto es algo que deberíamos tener presente; estar abierto al cambio y a vivir de manera diferente es el justo desafío que debemos presentar a la rigidez de las propias creencias. Pienso que no perdemos facultades, simplemente las dejamos de lado, no utilizándolas y a partir de ese abandono surge la sensación que esa o aquella facultad no existe, que no la tenemos o que nos ha abandonado.

Estar abierto al cambio y a vivir de manera
diferente es el justo desafío que debemos
presentar a la rigidez de las propias creencias

Descubrí que existe una ley muy simple que se expresa de múltiples formas. *Eres lo que expresas.* Los que ejercen la comprensión son comprensivos; quienes aman son amorosos; los que tienen como virtud la alegría son alegres, los pacíficos viven la paz y así con todo, en el otro extremo los que agreden son agresivos; los que permanecen en la ignorancia son ignorantes; quienes expresan la idiotez son idiotas; quien prioriza sus miedos se cataloga como miedosa o pusilánime; los que se quejan serán quejumbrosos y los que lloran unos llorones. Que le vamos a hacer, cada cual es lo que quiere ser o lo que decide expresar.

Por mi parte el dolor que experimenté me hizo perder la consciencia de mí misma y sustituirla por una nueva concepción. Empecé a despreciarme, a culparme, a negarme. El autorechazo me llevó a poner la atención en todo lo que me rodeaba, a buscar refugio fuera, a huir de mí y del dolor que me causaba esa herida abierta. Comencé a darle más importancia a todo lo que me venía desde fuera.

Al poner la atención en lo externo, desperté un mayor anhelo por conquistar el mundo de las formas. Cada vez que sentía que mis aspiraciones no se podían alcanzar o se alejaban, brotaba desde mi interior: frustración, temores, esperanzas, miedos y angustias. En aquel momento no logré darme cuenta de la importancia de estos sentimientos y sensaciones invitándome a gestionar y trabajar seriamente.

Pensé que las experiencias que estaba viviendo, requerían que yo encontrase algún antídoto, algo que calmara mi sufrimiento y lo busqué en el mundo exterior, creyendo que allí lo encontraría.

Viví aun una tercera angustia que nació por *buscar fuera lo que necesitaba dentro*. Había dejado de lado el desarrollo natural, perdí la capacidad de disfrutar y su lugar fue ocupado por el deseo que siempre aparece como algo insaciable e imposible de satisfacer porque siempre está por delante de los logros.

Llegar a ser alguien en la vida

Apareció una idea recurrente: llegar a *ser alguien en la vida*. Una idea desarrollada por la sociedad que nos educaba. Así, desde pequeña me enseñaron que tenía que llegar a ser alguien en la vida, desde mis primeros brotes escuché estas tiernas palabras y las creí y una de mis partes la aceptó como proyecto de vida. Este pensamiento giró muchas veces por mi cabeza y sentimientos, me impulsó a trabajar para alcanzar la preciada meta de ser alguien en la vida.

Cada vez que nos relacionamos con un ser vivo como si fuera un proyecto, despreciamos, desatendimos, descuidamos y de alguna forma abandonamos al ser que es para someterlo a un proceso de domesticación. La gran deformación y fracaso que existe en la educación actual es no relacionarse con lo que hay, es estar proyectando siempre lo que tiene que ser el educando. Esto provoca una desconexión con la realidad que son las potencialidades, las capacidades y las aspiraciones honestas de quienes se están formando, provocando un cambio radical en los anhelos del ser vivo. Cuando se imponen objetivos que no son propios se está sembrando las semillas del sufrimiento y de la frustración. Al impulsarle que vaya detrás de quimeras, ilusiones de terceros, aspiraciones que benefician intereses ajenos, estamos propiciando un acto de negación del ser; deformando sus auténticas capacidades, sometiéndole a las exigencias externas y a unos paradigmas sociales que esclavizan a un medio de egoísmo, competencia y guerras, todo por alcanzar metas antinaturales.

Cuando domesticamos la naturaleza instintiva, el soporte emocional y la influencia genética se recienten y se alteran. La parte sometida se siente menospreciada, llegar a ser alguien es un claro desconocimiento y negación de lo que ya somos. El mensaje que transmitimos es «no eres nadie».

Hay desconocimiento cuándo le pedimos a un ser que sea algo diferente a lo que es, queda implícito que no confiamos en él. Entonces, reforzamos la idea de confiar en el proyecto y no en lo que el ser es. Depositamos nuestra confianza en un futuro incierto, algo que no sabemos si llegará o no, vivimos en función de un supuesto, una realidad inexistente, una ilusión.

Estar sometida a este paradigma, provocó en todo mi sentir un nivel de estrés, de tensión y angustia muy difícil de apaciguar.

Por supuesto que me victimicé con este esquema y deambulé en busca de un reconocimiento por parte de los demás. Esta reacción es muy simple, si algo externo me dijo que tenía que llegar a ser; de la misma manera esperaba que una realidad externa me dijera si había llegado o no a ser lo que me han pedido.

Dejé de ser lo que era. Ahora no me dejaba llevar por mi instinto ni filtraba la información que me llegaba, le daba más importancia a escuchar a los que suponía que sabían más… a los que tenían algo que transmitirme.

Desde pequeña escuché que tenía que prepararme para llegar a ser algo en la vida y me lo creí, además era más fácil proponerme llegar a ser alguien que aceptarse como era en aquel momento. Comencé a trabajar duramente para llegar a *ser alguien en la vida*. Una de mis partes negaba lo que ya era una realidad y por tanto decidió correr tras esa otra parte que sería reconocida por todos, esa gran meta; ser alguien en la vida.

Apareció desde mi percepción profunda e inconsciente una cuarta angustia: *yo no soy nada*. De esta manera terminé por someterme a los modelos sociales que te dicen cuánto tienes cuánto vale.

Todos estos impulsos me arrastraron hacia las redes y la locura del consumismo, la demencia de sentirse importante por tener, el sentido de competir con los demás. Fue obsesiva, tenía

que demostrarle al mundo cuánto valía y que el mundo recono-
ciera mi capacidad de poseer y de controlar.

Las cuatro angustias

1. Estar separados del mundo y del todo.

2. No utilizar las facultades concedidas por la naturaleza.

3. Creer que lo de afuera te puede dar lo que no encuentras
    por dentro.

4. Sentir que tienes que llegar a ser alguien en la vida por-
    que arrastras un sentimiento de no ser nada ni nadie.

Lo que opinan los demás

Pensé que la opinión de los demás era importante: *el qué dirán*. Dejé de actuar por iniciativa propia y comencé a centrarme en la opinión y exigencia que los demás vertían sobre mí, este modo de actuar me hizo olvidar verdaderamente lo que quería y lo que estaba pasando conmigo y a partir de este hecho me vi sometida a otra clase de esclavitud; me hice una falsa imagen de mí.

La imagen creada era fruto de la influencia que el medio y los demás habían ejercido sobre mi manera de pensar. Proyectaba mi imagen sobre los demás con el único propósito que todos vieran lo que quería que vieran. Tenía que ser buena, valorada, querida, amada, comprendida, resolutiva, emprendedora, valiente, generosa, etc. Cuando asistía a una cita era importante causar una buena impresión y no descuidaba detalle, me maquillaba y me vestía para la ocasión, y preparaba un buen discurso, de alguna manera actuaba como una gran estratega para conseguir dicho objetivo.

Mis verdaderos sentimientos no importaban, lo que realmente importaba era mantener, alimentar y posesionar adecuadamente a esta Navelina imaginaria. Si tenía miedo lo disimulaba; si me sentía insegura, proyectaba ante los demás una imagen de alguien serena y tranquila; cuando aparecían algunos intereses egoístas, los disfrazaba de generosidad; hay entre los humanos una frase muy popular que dice «dime que presumes y te diré de qué careces».

Me inventé un juego para poder sostener la imagen. El juego de las máscaras que consistía en ocultar mis verdaderos sentimientos detrás de una gran figura proyectada. Esa figura a veces era la heroína, otras la resolutiva, otras la segura. En fin, tenía retratos que la cubrían para todas las ocasiones. Así, tenía máscara de víctima, de inocente, de sacrificada, de honesta, de virtuosa, de decente, de digna, de justa, de generosa, de abnegada, de magnánima, de espléndida, de caritativa, de compasiva, de piadosa, de sensible; por otro lado, aparecía la maltratada, la angustiada, la depresiva, la apesadumbrada, la miedosa, la asustadiza, la dramática, la aprensiva, la trágica, la controladora y la posesiva; en fin, era todo aquello que me servía para ocultarme.

Actuaba con el propósito de caer en gracia o de satisfacer las exigencias de otros. Adquirí un nuevo hábito, escuchaba con mucha atención y me tomaba en serio todo lo que decían de mí, todas las opiniones que los demás vertían eran importantes, tanto que cambiaban mis estados de ánimo. Muchas veces quise decir no; pero como el impulso de conservar la imagen era más fuerte que lo que sentía terminaba diciendo que sí, situación que me llevaba a fuertes contradicciones de mi carácter. Cada vez que recibía un alago y me daban la razón me sentía bien, alguien importante y mi autoestima se afianzaba, por el contrario, cuando me criticaban y no me daban la razón, enfurecida sentía un sufrimiento tal que pensaba que perdía la razón. Así deambulé tras los demás para que me amaran, me comprendieran y reconocieran.

No aceptaba la idea del fracaso ni del sufrimiento y aunque esos sentimientos aparecían en mi fuero íntimo, despreciaba esa forma de sentirme. Por una parte, había tenido algunas experiencias que me daban una falsa idea de mí, por otra soñaba ser otra y me inventé un personaje ideal; como me gustaría llegar a ser. Muchas veces creí haber alcanzado esa imagen, una plenitud inexistente que proyectaba al medio para ser reconocida. Estas sensaciones eran artificiales, me acostumbré a realizar una especie de baipás. Aparentando estar donde no estaba, incluso llegué a creer que lo que estaba haciendo era lo correcto, no aceptando que la imagen ideal pudiera transformarse con el tiempo, estaba tan empeñada en conservar la imagen artificial que persistí en ello hasta que la vida se encargó de demostrarme lo contrario con una gran cuota de angustia y dolor.

Esta forma de vida, repleta de falsos postulados, despierta altísimos niveles de estrés; no son más que un autoengaño. Cada vez que queda en evidencia la mentira, se despierta la angustia y sensaciones que conllevan muchos momentos y estados de sufrimiento.

Comprendí que básicamente surgen cuatro formas de autoengaño los que tienen un mismo origen: la ignorancia, es decir, ignorar lo que soy e ignorar lo que pretendo ser.

El primer autoengaño *es no aceptar la vida como es; cómo se nos presenta.* Nos gustaría que la vida fuera como la deseamos y no como es, lo que de manera inexorable genera una contradicción existencial que provoca muchas amarguras.

Es cierto que desde que soy partida por la mitad quedé expuesta en mi parte más frágil, lo que me hizo creer que para estar bien protegida debía ser tratada con delicadeza, amor y comprensión, cuestión bien difícil si consideramos que las características principales de nuestra sociedad son el egoísmo y el encierro en sí mismo, por tanto, la mayoría no está precisamente por la labor de satisfacer la necesidad de otros. Como la vida viene como viene, los caminos sinuosos rozan la parte sensible produciéndose grandes desengaños y dolor.

El segundo autoengaño consiste en *exigir a los demás que sean lo que yo quiero que sean.* Esta manera de enfocarse en el mundo está impulsada por la angustia de sentirse abandonada y se trata de zanjar arbitrariamente una dificultad. Cuando exiges a los demás que tengan un comportamiento adecuado a tu sensibilidad, deseos, y aspiraciones; estas exigiendo fuera de ti lo que debes encontrar en tu interior. Además, con el agravante de transmitir a los retoños la misma dificultad, pues no se les considera en cuanto a lo que son sino en función de las proyecciones que los adultos proyectamos sobre ellos, de esta manera nunca nos relacionamos con las criaturas como son. Al contrario, nos relacionamos con el deseo, con la idea, con la frustración y la responsabilidad que depositamos en ellos, cuestión que surge de todos los anhelos y creencia de ese futuro, destruyendo u obstaculizando la posibilidad de que los jóvenes puedan vivir su realidad presente, dejándoles ser lo que son; disfrutando de esa realidad sin que nada ni nadie los altere. Esta visión no está reñida con la responsabilidad de dirigir ni orientar, se trata de no imponer en los demás nuestras propias frustraciones, miedos y aprensiones.

Resulta evidente que estos procesos impositivos generan una baja estima que a su vez desencadena otro autoengaño: *pensar que no estoy preparada y que soy capaz*. Una cuestión básica y elemental es saber que el comportamiento de los demás no depende de mí y por tanto si esa realidad externa no ejerce mi voluntad, yo no tendría por qué sentir molestia. Pero aquí tenemos una de las mayores estupideces de la existencia, querer que los demás actúen de acuerdo con mi voluntad. Lo natural es que los otros apliquen su propia voluntad, no la mía; que ejerzan sus propias razones, no las que yo tengo; que expresen su propio amor, jamás el mío. Naturalmente si yo torpemente sigo insistiendo en ese sofisma, tendré la falsa sensación de que yo no soy capaz y que no tengo el poder para hacer lo que me propongo.

De este nivel de ceguera surge una gran injusticia; la negación de sí mismo pensando y sintiendo que no se tienen las facultades necesarias para resolver y vivir las experiencias que la vida nos pone por delante.

Los cuatro autoengaños

1. Desear que la vida sea de manera diferente a como es.

2. Exigir a los demás que sean lo que yo quiero que sean.

3. Pretender que la voluntad, la inteligencia y el amor de los demás dependa de mi abandonando mi propia voluntad, inteligencia y amor.

4. Pensar que no estoy preparada y que no soy capaz.

Un propósito en la vida

Tantas carencias despertaron en mí un espíritu inquieto y la necesidad de comprender me llevó a transitar muchos caminos en busca de una explicación, de respuestas a los miles de interrogantes que aparecían en mi vida; necesitaba comprender las cuestiones más esenciales e importantes; me transformé en una buscadora y como tal sentía grandes carencias, pero estaba abierta a encontrar respuestas para llenar este vacío, lo que me llevó a transitar por distintos lugares.

Fui a parar a un lugar donde orientaban a quienes tenían como propósito alcanzar la felicidad. Allí asistí a la charla de un conocido conferenciante, considerado por la mayoría como el más sabio y entendido en la materia. Con voz solemne terminó su conferencia expresando con gran fuerza interior y absoluta seguridad una frase que me produjo un gran impacto: «No olvidéis. Todos venimos a este mundo a encontrar nuestra media naranja.»

Esas palabras me hicieron sentirme gratificada, percibí que mi problema no era solo mío, sino que era el mal de muchos. En mi dolor me sentí comprendida al darme cuenta de que mi sufrimiento no era único. Me sentí iluminada y mi vida adquirió un nuevo sentido: buscar mi media naranja. Pensé y acaricié dulcemente esa idea que irradiaba fuerza y entusiasmo a mis pensamientos y sentimientos. Inmediatamente me puse en campaña, no quería perder un momento más y sentía la necesidad de trascender mi abatimiento para marchar de manera íntegra tras mi nuevo propósito... Aunque resulta difícil hablar de integridad cuando uno está y se siente partida. Sin embargo, mi vida ahora tenía una finalidad clara, tenía un sentido: ¡Encontrar a mi media naranja! Ese se transformó en mi lema y, fiel a ese impulso comencé a vivir con ilusión todas las experiencias que sucedieron a partir de ese día.

En una libreta de apuntes anoté varios consejos que el conferenciante ofreció generosamente. Algunos de ellos estaban enfocados al desarrollo de una actitud apropiada —actitud positiva—, era algo que debía desarrollar para alcanzar mi objetivo, otras sugerencias orientaban para que pensara y meditara todos los días en lo que quería conseguir pues por este mundo muchos transitan sin tener claro lo que quieren conseguir en la vida.

Durante mi transito me encontré con muchos seres que olvidaban su pasado al límite de desconocer su propio origen. No les culpo, yo misma durante un tiempo trate de olvidar. Lo penoso de esta situación es que de la misma manera en que se olvida el origen, igualmente se desconoce el destino o la finalidad. La mayor crisis que pueden vivir los integrantes de una sociedad es la crisis de principios y fines. Vivir sin principios y vivir sin finalidad es una verdadera tragedia social que termina por destruir las relaciones entre los integrantes de la sociedad. Desconocer nuestro origen o no saber de dónde venimos ni tampoco saber hacia dónde vamos altera nuestra identidad y afecta nuestra condición existencial. De ahí que no saber quiénes somos ni hacia dónde vamos corrompe el alma.

Investigué mis raíces genéticas, descubrí que se remontaban a miles de años en el sur de China. Los primeros antecedentes escritos provienen del emperador Ta-Yu en el siglo veintitrés antes de Cristo, quien incluyó en sus impuestos, entre otras cosas, la entrega de dos tipos de naranjas; unas grandes y otras pequeñas; lo que demuestra claramente que ya desde esa remota época traficaban con nosotras. Con estos antecedentes y en busca de un mejor porvenir mis antepasados emigraron desde China hacia el sudeste asiático utilizando la ruta de la seda, colonizando gran parte de Oriente; allí formaron grandes colonias.

Debo conceder un reconocimiento a los árabes que nos tuvieron en gran estima; ellos fueron los impulsores y responsables de introducirnos en Europa, a través del sur de España, lugar donde empezamos a tener un gran protagonismo en el paisajismo y el enriquecimiento cultural de las diversas ciudades.

Con el descubrimiento del Nuevo Mundo nuestros horizontes se abrieron y en un gran intercambio de productos, costumbres y culturas; tuvimos la oportunidad de cruzar el charco y asentarnos en América.

Mis antepasados chinos tenían una naturaleza amarga. Cuando emigramos a Sudamérica, específicamente a Brasil, se despertó en nosotras un gran sentido nostálgico que seguramente fue lo que dulcificó nuestro carácter. En Brasil la familia creció y muchos emigraron hacia California donde nos consideraron una verdadera reina. Allí nació mi abuelo Navel que literalmente significa ombligo. Probablemente se debió a que a pesar de toda su evolución nunca olvidó su origen. Además, su influencia nos marcó, reconozco que en su honor me bautizaron con el nombre de Navelina.

Mis antepasados se aclimataron muy bien en tierras valencianas desarrollando grandes cualidades. De hecho, yo nací en los huertos de un apacible pueblo en las cercanías de Valencia, la capital del reino. Crecí en un ambiente soleado y en un clima privilegiado de pocos contrastes, disfrutábamos del aire húmedo influenciado por el mar Mediterráneo. Los cálidos días primaverales, la tierra arcillosa de mi entorno, la brisa cálida del poniente y a veces los aires siberianos con su frescor polar templaron mi carácter. Todos estos contrastes facilitaron que desarrollara una capa fuerte, una cascara protectora que había sido preparada por la naturaleza para cubrir mi mundo interior, ese mundo sensible que tenemos las naranjas y que nos permite ser tiernas, suaves, blandas, flexibles y dulces.

Evolucionamos positivamente hasta llegar a la forma esférica muy atractiva que tenemos hoy, tanto por el color como por la belleza de los cuerpos. Sin hablar de la transformación mágica, del florecimiento tan bello y aromático que nos aporta un sentido romántico y de gran utilidad como pueden constatar nuestras amigas las abejas.

Para muchos sabios la forma esférica es perfecta, algunos expertos la llaman la curvatura positiva, esa curvatura que siempre te trae al punto de partida. La forma esférica también es considerada, como símbolo visible de la plenitud y la totalidad. El sistema solar, los satélites, la Tierra y todos los demás planetas mantienen la forma esférica con una fuerza gravitacional. Esta fuerza yo también la he notado, aunque a pequeña escala proporcional a mi tamaño. Creo que todos los seres tienen esta fuerza gravitacional que impulsa a conseguir que quienes están alrededor suyo actúen pendientes de él.

Como sea que fuere, estaba y me sentía orgullosa de mi forma esférica, me encantaba que me contemplaran de esa manera y yo tenía una identidad que me hacía sentirme saludablemente plena, alegre y feliz.

Tenía claridad sobre mis raíces, este nuevo conocimiento me daba una noción cierta de destino. Adquirí un cierto nivel de seguridad que se notó inmediatamente en la manera de moverme y plantearme en la vida. Por esta misma razón el desconcierto generalizado de principios y fines es un mal mayor, un desmoronamiento de los hábitos y las costumbres que inspiran todas las relaciones sociales e individuales que se dan dentro de una comunidad.

Estaba claro que encontrar a mi media naranja era un objetivo de vida, además la idea me entusiasmaba, ¡era perfecto!, hacía sentirme viva, esperanzada por este porvenir, poco más me importaba; pensar en alcanzar el objetivo me ilusionaba, producía en mi interior una enorme fuerza, aunque reconocía también una cierta ansiedad y deseo que despertaban expectativas que me condicionaban negativamente. Esta dualidad me acompañó por mucho tiempo y la variedad de emociones que brotaban con sensaciones contradictorias las sufrí durante toda la búsqueda.

Anoté varios consejos uno de ellos decía: «a la media naranja se le debe amar incondicionalmente» cuestión que hice mía pues yo estaba predispuesta a vivir esta realidad, es más mi búsqueda también era incondicional.

Todos los consejos recibidos en el desarrollo de las facultades propias tenían algo en común, es decir estaban sujetos al sentido común y los resumo en algunos postulados muy simples y claros:

- Cada uno es único e irrepetible y como creación imposible de comparar, por tanto, tu experiencia solo te servirá a ti y nadie hay mejor que tú para comprender tu propio proceso y experiencias.

- Tener claro un objetivo en la vida, valorando toda acción y actitud que nos acerque a ese objetivo. Me di cuenta de que no valoramos bien ese objetivo pues cuando la expectativa es muy grande, despreciamos cualquier cercanía que tenemos hacia el objetivo por el simple hecho de no estar a la altura de nuestra exigencia. Hay que valorar el logro, aunque sea pequeño, de esta forma estamos sumando, en cambio cuando despreciamos el logro y nos quedamos con la frustración de no llegar al total de ese postulado porque no cumplimos las expectativas, entonces el resultado es insuficiente y nuestra actitud resta en la vida.

- Todo objetivo y finalidad pasa y está sujeto a un proceso; cuando realmente nos enamoramos de los procesos somos consciente de nuestros auténticos avances, así podemos decir que hollamos el camino mientras transitamos en él y reconocemos los diferentes niveles o alturas que tiene. Cuando estamos en el camino se valora, se aprecia, se disfruta; se abandona el ansia de tener una meta, porque no hay un fin, sino que un constante presente en el cual la finalidad está contemplada, inserida.

- La empatía es una cuestión fundamental; todos actuamos de una forma u otra de manera empática. Siempre estamos atrayendo en función de nuestros propios modos de vibración. Es importante comprender, amar y expresarnos dentro de nuestras posibilidades y límites porque empáticamente siempre hacemos un llamado con nuestra forma de plantearnos, a la vez nos perfeccionamos en esa forma de expresión. De esta manera el más comprensivo se especializo en la comprensión de la misma manera que el más amoroso se perfecciono en su capacidad de amar.

Otra cuestión bien trascendente es que todas las medias naranjas tienen un problema en común; son medias naranjas y te necesitan tanto como tú las necesitas a ellas, pero una mitad siempre es una mitad y como mitad que somos complementarnos es la consecuencia natural.

No le exijas a una media naranja plenitud total ni entereza pues están partidas igual que tú lo estás.

Entonces entendí con más fuerza el concepto y la necesidad de ser empática...

Al meditar sobre estas enseñanzas surgió en mí una actitud extremadamente comprensiva hacia los demás.

Reflexiones sobre el amor

Reflexioné sobre cuestiones que me parecieron interesantes. La mayoría piensa y tiene la sensación que el amor es un bien, pero este bien aparece en la medida que podemos vivir el amor, cuando amamos aparece como efecto natural la sensación de tener una vida plena y realizada. Al contrario, cuando no podemos expresar el amor, cuando no encontramos el medio ni la forma apropiada para demostrar y desarrollar la capacidad de amar, entonces aparece en forma inequívoca la frustración y la sensación de fracaso. Así de importante es el amor en nuestras vidas. Las vivencias amorosas y las formas en que las vivimos marcarán nuestros estados de ánimos, a la vez fortalecerá o debilitará el estado anímico.

Las experiencias amorosas quedan registradas en la memoria de cada amante y serán codificadas de diferentes maneras dependiendo de cómo ha vivido esa experiencia. Así los recuerdos amorosos aparecen en el amante como vivencias agradables o desagradables, plenas o escasas, buenas o malas, alegres o tristes, amenas o lacónicas, dinámicas o rutinarias, confiadas o con incertidumbres, etc. Estos códigos despiertan muchas y variadas actitudes que condicionarán o liberarán la capacidad de amar, todas las actitudes están relacionadas con la experiencia vivida, las emociones activadas y el sentimiento profundo de amar.

Muchos seres piensan que el amor es bello, pero cuando se enamoran lo pasan fatal. Esta aparente contradicción confunde al que carece de discernimiento pues desarrolla el amor de una manera condicionada por todas las huellas que han dejado las experiencias pasadas.

Necesitamos un entorno donde experimentar todo el potencial que llevamos dentro, de esta manera el amor surge desde el interior, aunque el estímulo que lo provoca venga desde el exterior. El amor, como todas nuestras facultades, necesita de uno o varios objetos amados, pero además requiere de otras cualidades que son utilizadas como instrumentos por el amador y que se expresan como poder amar. Pero en definitiva ese poder amar es un saber amar. No debemos olvidar nunca que, aunque el estímulo esté fuera como objeto amado, el amor nace del amador y es una facultad interna que se actualiza con ese poder y ese saber.

De los objetos exteriores o amados: en esta expresión externa nos encontramos con una cantidad indeterminada de objetos a los que podemos llamar amados, o dignos de amar. Podemos mencionar unos cuantos: la pareja, los padres, los hermanos, los amigos, la naturaleza, la sociedad, los conocidos, los profesores, los alumnos y todo aquello que este dentro de nuestra esfera de consciencia.

Del poder o de las herramientas internas del amador: son todas las formas que nos permiten expresar de manera ética y estética el amor para conservarlo puro y bello, ejemplo de ello son las palabras, los gestos, los modales, los pensamientos, los hábitos, los compromisos, la fidelidad, la ternura, la bondad, el carácter y todo aquello que nos hace expresarnos de manera más sólida y humana.

Del saber del amador: nunca debemos dejar de amar, lo que si hay que hacer es cambiar las formas de amar. Entre el poder infinito de amar y la capacidad limitada de amar hay un filtro que se llama saber. Saber amar por una parte es un soporte para expresar el amor —lo ya conocido— y por otra un límite y un condicionamiento a la capacidad infinita de amar —lo que está por conocer—. Todos somos amados de cierta manera y tendemos a reproducir dichas formas. La forma en que nos educan nos marca y la relación que mantienen con nosotros quienes nos aman marcarán más aún. La manera en que somos tratados por quienes nos aman dejarán una huella de por vida, pues quedará en nuestra memoria como algo conocido. No obstante, el amor más profundo es aquel que surge por sobre este recuerdo. Cuando tenemos la capacidad de autocrítica y cuestionamos nuestra forma de amar descubrimos lo nuevo, lo emergente, que realmente nos hace crecer.

La forma que aprendimos a amar hay que revisarlas para perfeccionar ese saber y modificarlo, ampliarlo, enriquecerlo con lo nuevo, con el desarrollo más amplio del arte de amar. Al crecer en sabiduría la ignorancia se hace más pequeña y la expresión más amplia del amor se evidencia.

Un aspecto relevante de esa ignorancia es pensar que, al desaparecer el objeto amado, se reduce la capacidad de amar. Esta ilusión lleva a los seres a aferrarse al objeto amado como si toda su vida dependiera de ello, desde esa creencia surgen las verdaderas obsesiones por los seres amados. «Yo sin ti no podría vivir». «Tú me haces feliz». «Mi vida no sería nada sin ti». La dependencia entre el medio y la actividad que surge desde el interior es una confusión pues el medio se necesita para expresar el amor, pero el medio en ningún caso es el que crea amor. El ser disfruta del amor, pero en la mente existe la creencia de que ese amor no le pertenece y que el dueño es su amado o al menos está sujeto por el objeto que ama.

Tenemos la certeza que para ser feliz hay que evidenciar esa felicidad por medio de la experiencia y en eso consisten todos los impulsos que surgen desde nuestro mundo interior. Cuando se trata de gestionar y expresar esos impulsos pasan por ese filtro que son los esquemas pensantes, allí donde se asientan las creencias y es allí precisamente donde contaminamos o modificamos ese impulso original llamado amor.

El amor después de pasar por los filtros y las creencias surge hacia fuera como algo ya completamente contaminado, con deseos, con vehemencia, con ira, con celos, con las aprensiones, inseguridades y todo lo que acostumbramos a ver en las diversas relaciones afectivas.

Cuando el amor surge y se expresa fuera como un deseo ciego de vivir, no considera la posibilidad real que el medio le ofrece para realizar este impulso. El deseo no sabe distinguir ni dimensionar las posibilidades por dos simples razones: primero porque es autocentrado, autoreferente, ciego, egoísta y solo considera la dimensión del impulso que surge desde el interior; segundo porque no tiene la capacidad empática de observar objetivamente el medio en el que expresar y depositar su fuerza interior.

Cuando dejamos que actúe en nosotros las facultades receptivas, percibimos con naturalidad si el medio al que nos estamos arrimando, es o no el más apropiado para vivir la experiencia de amor y de realización. Los seres que utilizan y se dejan orientar por estas facultades receptivas son mucho más asertivos y exitosos en las experiencias amorosas pues al menos tienen claro la clase de relación que pueden desarrollar en ese medio que previamente percibieron, y hasta donde pueden expresar este impulso interior, dosificándolo adecuadamente. Lograr distinguir con claridad ese impulso interior que llamamos amor el cual efectivamente se percibe sin límites, pero además percibir que en el medio donde nos vamos a desarrollar y en su aplicación siempre o casi siempre estará sujeto a límites.

Se dice mucho que hay que amar incondicionalmente, pero la aplicación de esta máxima está llena de dolor y sufrimientos. El amor sí es incondicional pero su aplicación se da dentro de ciertas condiciones y es en esas condiciones donde se puede realizar mejor.

El éxito afectivo o amoroso no consiste en vivir toda clase de fantasía e ilusión que surge de los deseos y de la especulación mental. No, el verdadero éxito es enriquecer en la medida de lo posible la expresión que surge desde el interior y tener la inteligencia y voluntad necesarias para expresarlo, en la medida de lo posible, en todas las actividades que puedas desarrollar. Amistad, propósitos, familiares, lenguaje, gestos, comunicación, son algunos de los instrumentos utilizados por la fuerza intrínseca de amar.

Uno de los aspectos más paradójico de la vida es poseer una capacidad infinita de amar y movernos en un medio con unas condiciones finitas y llenas de limitaciones para expresar esta dimensión inconmensurable que llamamos amor.

Experiencias amorosas

Mi primer amor

Llegar a ciertas conclusiones y comprender es una meta que se consigue como resultado de la madurez, sin embargo, para alcanzar esta madurez se requiere tiempo y la suma de experiencias que, muchas veces, se adquieren en un proceso en que el dolor y el sufrimiento estuvo presente. Al principio heredamos una memoria diáfana, que por medio de las diversas experiencias va marcando una alteración que presionará a la hora de recordar, igualmente podemos mencionar a esta memoria como una memoria inmadura la que fácilmente se trauma por el impacto que provoca en ella las múltiples creencias falsas que le hacen vivir de manera distorsionada la forma de integrar esas experiencias.

Yo como todos también tuve mi primer amor en las experiencias que viví con mis seres más queridos, también allí está presente el amor. Pero aquí me refiero al amor de pareja, de lo que llamamos la media naranja.

Producto de mi inmadurez, corrí tras el primer amor que sentí. Vi mi media naranja, en ella. Proyecté con tal ilusión todos mis sueños que estaba convencida que encontraba respuestas a todas mis necesidades, supuse que al alcanzar este amor sería plenamente dichosa y feliz. Me acerqué hacia mi primer amor con el corazón abierto, con mi parte más sensible por delante, sin precaución me aferré con tanta fuerza a esta media naranja que no fui consciente del daño y dolor que me estaba causando... con el tiempo empecé a sentir un sufrimiento difícil de describir, una angustia similar al que se siente cuando una es sometida a un proceso de ser exprimida; mis lágrimas brotaban frecuentemente, me invadió un estado de hipersensibilidad que me producía severos cambios anímicos que recorrían todo mi cuerpo, mis dolores eran muy auténticos y reales.

Tenía la certeza que era mi media naranja y sin dudar me aferraba ciegamente a ella. Pero ¡Oh, horror! Comprendí que no me estaba uniendo a su parte más sensible. ¡No!, me aferraba por detrás, por su parte convexa, por esa parte dura donde estaba la piel protectora que resulta imposible de traspasar. Cada vez que me aferraba a ella, me exprimía. Mi deseo y anhelo de amar me cegó y no fui consciente que, en mi ansia de realizarme, esa mitad me estaba destruyendo porque permanecía de espaldas hacia mí y mi enamorado miraba para otro lado, quizás, buscando a su media naranja que naturalmente no era yo, causándome doble sufrimiento. Sufría por no ser correspondida y sufría el maltrato del desprecio y el abandono.

En la vida se sufre mucho, más aún cuando has puesto toda tu mirada, esperanzas y anhelos en alguien que no quiere verte. El sueño de vivir una plenitud del uno para el otro se hace trizas cuando la otra mitad quiere lo mismo que tú, pero con otra mitad diferente. Me pregunté, muchas veces que tenían las demás que no tuviera yo y en la medida que me comparaba con otras medias naranjas mi sufrimiento aumentaba. Mi tristeza y mi desesperación no tenía límites; yo vivía para ella, mientras que ella vivía para otras mitades.

No podría realizar el relato de mis experiencias amorosas más íntimas, aquellas que dejaron profunda huellas, sin incluir, una pequeña reflexión fruto de la madurez y del paso del tiempo que todo lo integra.…

Reflexión sobre el amor ciego

Cuando el deseo de amar es ciego, no regula ni se regula; elimina todos los aspectos críticos de la razón y se involucra ciegamente en una relación en que lo da todo sin esperar nada a cambio, sin embargo esta forma de darse tiene un alto nivel de egoísmo pues solo se da todo hacia quien más interesa, de esta manera siempre se está pensando únicamente en uno mismo y no en el bien ajeno, se le da prioridad al bien propio pero jamás en el bien común que es donde se asienta mejor el amor. Estas situaciones quedan claramente de manifiesto en el tiempo, pues poco a poco las desilusiones se van sumando debido a que se percibe que la mitad con la que se está relacionando hace lo que no debiera —como por ejemplo mirar a otras medias naranjas— o deja de hacer lo que debería de hacer —solo mirarme a mí—. Esta sensación una vez que se arraiga en el interior comienza a aumentar hasta límites que llevan directamente a una ruptura por considerar que dicha relación es inviable, aceptando finalmente la idea que la naturaleza de ambos es diferente y que en definitiva esa no era mi media naranja.

La gran complejidad que tiene vivir desde el egocentrismo es que se sobrevalora lo que se da y no se aprecia los beneficios que se reciben a cambio, de esta forma la frustración y la sensación constante de no ser correspondida es algo que carcome cualquier relación, las expectativas caen y las desilusiones afectan directamente el amor, el interés y la atracción.

Existe un trabalenguas popular que dice «el que quiero que me quiere no me quiere; el que no quiero que me quiere me quiere; ¿qué saco que me quiera el que no quiero que me quiera, si el que quiero que me quiera no me quiere como yo quiero que me quiera?» Esta es una de las tantas ironías del amor y una de las experiencias más común y que mayores sufrimientos produce. El amor es bello, puro, inocente, bueno y honesto, pero se expresa por medio de unos esquemas aprendidos —que son grotescos, descorteses, con desaires, feos, malditos, denigrados, deshonestos, egoístas, utilitarios, indecorosos, obscenos— que provoca toda clase de complicaciones.

Nunca nos relacionamos con un desconocido, siempre nos estamos relacionando con una realidad muy conocida y esa realidad es todo lo que brota de mi mundo seminterior. Lo que separa nuestra realidad profunda con el medio es esta realidad intermedia que obstaculiza la mejor manera de expresarse. Allí es donde se asienta lo aprendido que siempre buscará la forma de repetir y a su vez obstaculiza la verdadera expresión amorosa que brota desde las profundidades del propio ser.

La falta de sensibilidad tanto para percibir como para expresar es un claro síntoma que los afectos no somos auténticos, más bien tenemos el comportamiento de egos característicos, egos con esquemas muy precisos que reproducen comportamientos que están motivados por intereses propios, los que se anteponen a la expresión propia y genuina del amor.

Estas condiciones y dificultades a la hora de amar se reproducen porque no hay un auténtico desarrollo interior, y algo muy importante que quizás sea la clave para trascender este mundo seminterior; desarrollar una buena comunicación con todo lo que surge de nuestra parte seminterna.

Imaginemos el momento en que la ira aparece, algo me da rabia y actúo desde la rabia; lo mismo da mencionar la frustración los celos o la ilusión. Cuando algo o alguien nos estimula, el impulso primero es el que se relaciona con el estímulo; así sucede con todas las emociones da lo mismo que sea el miedo, la tristeza la ira o la ilusión o cualquier otra. Son las emociones las que se relacionan con el mundo y no yo. Lo sabio y lo correcto es que yo me relacione con cada una de mis emociones ese es el gran secreto para madurar emocionalmente. Pero claro, si desde mi mundo seminterior aparecen sensaciones que no gustan, el yo trato de aniquilar ese sentir —por considerarlo negativo— sumergiéndolo en el inconsciente. En su refugio la emoción no desaparecerá, muy por el contrario, buscará la forma de salir a la superficie apareciendo con mayor intensidad.

Y luego yo misma respondo, pero no desde mi comprensión y presencia. Cada vez que aparece directamente la emoción para relacionarse con el medio, entorpecerá mi juicio y me pasará por encima. Mi percepción primera es que estoy actuando desde mi interior porque siento que viene desde dentro, pero no es así: eso es lo aprendido, una realidad que se asentó en mi mundo seminterior y que es un gran obstáculo que traspasar para llegar al verdadero mundo interior, al auténtico y profundo yo que es donde radica la capacidad pura de amar.

Cuando actuamos desde nuestro mundo seminterior, las cosas pesan mucho en la vida, los miedos, las angustias, las frustraciones, las inseguridades, todo. Pero por el contrario si el yo consciente se relaciona con cada uno de sus impulsos, estos impulsos se relajan se sienten atendidos, escuchados y comprendidos. Pero al desconocerlos surgen desde esta realidad intermedia con mayor fuerza dando la sensación de pérdida del control y de ingobernabilidad.

Cada vez que decimos: «tú me enfadas» o «me sacas de mis casillas», estamos anulando nuestra responsabilidad porque nadie tiene el poder de enfadarnos. Yo soy el que me enfado y por tanto es mi responsabilidad ese enfado, aunque el estímulo siga estando. Es un error y una pérdida de carácter enfadarse por otro. Es darles a otros un poder sobre mi estado de ánimo que no corresponde. Yo me enfado y soy yo quien debo gestionar mi ira para apaciguarla y encausarla.

El amor ciego tiene las mismas características, piensa que tú me enamoras, piensa que se enamora por las características que tiene el ser amado y que le gustan. Pero no es así, ese enamorado no cae en la cuenta de que el amor es algo que nace desde el interior y de la misma manera es su responsabilidad gestionar ese sentimiento. La ilusión que nace de pensar que tú me enamoras o tú me enfadas no es propia de la cualidad interna, sino que son las percepciones que están en el mundo seminterno y que es precisamente donde se encuentra el error. No lo olvides tú no me enamoras, yo me enamoro.

Siempre he de ser el yo el que termine por actuar y relacionarse con el medio, entonces las sensaciones cambian. Cuando yo me relaciono con todas mis emociones le pongo peso a mi vida, pero si dejo que las emociones se relacionen directamente con los estímulos comienzo a sentir que la vida me pesa mucho. Así la vida se podrá vivir mejor o peor dependiendo de mi presencia en ella.

Mi segundo amor: el amor y
sus correspondencias

Recuerdo una ocasión en la que vi pasar otra media naranja que despertó mi interés, la miré y contemplé una serie de cualidades que me sedujeron, sentí como despertaba la atracción hacia ella. Comencé a volcar toda mi energía, amor y dedicación en esta relación, mi entrega y entusiasmo eran evidente, lo hacía desde la alegría, y así estuvimos unidas mucho tiempo. Pero después de una larga relación en que la rutina se instauró, comenzó a aparecer en mí una sensación de insatisfacción. Día a día fue fermentando una sensación de sometimiento en que notaba cómo perdía mi identidad, surgió una molestia que a veces se transformaba en rabia, me sentía utilizada y no paraba de pensar que en esta relación yo estaba dando mucho más de lo que recibía a cambio, no es que pensara en un trueque, pero el interés y dedicación que yo volcaba no era proporcional a lo que recibía.

Con esta percepción permanecí por mucho tiempo pues en mis pensamientos y sentimientos se entremezclaban mis diferencias tendencias, así pasé momentos difíciles pues apareció en mi interior una gran confusión, no lograba tener el discernimiento para resolver una situación que me parecía injusta y que era el origen de muchos estados de angustias e inseguridades.

Cuando hablaba con mis amigas, ellas lo veían más claro que yo, seguramente porque gozaban del beneplácito de la distancia y me hacían ver y sentirme muy tonta por tal situación. Estos sentimientos aparecían cada vez con mayor fuerza, además comprendí que quienes miraban desde fuera tenían mucha razón, decidí revisar mi relación. Tomar algo de distancia que me permitiera ver la relación con algo más de objetividad y con sorpresa descubrí que con quien me estaba relacionando no era una media naranja.

Me serené, respiré profundo y lo volví a mirar… allí estaba diminuto mirándome una Mandarina[1] y por mucho que la Mandarina se esforzara, y por mucho que se comportara como una mandona, jamás una media mandarina podía cubrirme completamente y por tanto tampoco podía ser mi media naranja. Yo buscaba una media naranja que pudiera cubrirme por completa y no a medias porque gran parte de mi sensibilidad quedaba al descubierto. Tuve una gran lucha interior, temía quedarme sin nada.

Hay momentos en la vida que surgen dudas, cuando tienes algo y no estás conforme y deseas buscar algo mejor, pero para encontrarlo hay que soltar y es ahí donde nace el conflicto pues aparece el miedo de quedarte sin nada. El conformismo nos lleva a pensar que es mejor tener una media naranja que, aunque sea menos de lo que esperas al menos es algo… Pensé que ese conformismo me estancaría así que al final considerando los pros y los contras decidí soltar y desprenderme de esa mitad que no era proporcional a la mía.

Reflexión sobre el amor utilitario

En las cosas amorosas las creencias tienen un rol fundamental; una de estas tantas creencias genera la percepción ilusoria acompañada de unos sentimientos y que consiste en pensar que

1 Mandarina: fruto proveniente del mandarino, de la familia de los cítricos, tiene una forma achatada con una cascara de color anaranjado muy brillante, delgada y fácil de separar de la pulpa, de tamaño más pequeño que la naranja Navelina, es muy aromático. Probablemente el nombre se debe a la similitud del color de los trajes que utilizaban los mandarines —funcionarios del gobernador— en la antigua China.

yo estoy dando mucho más de lo que recibo a cambio. Desde un principio de justicia —que no está en la cabeza de quien la interpreta—, se interpreta que se produce una injusticia cuando todos los esfuerzos y dedicación que vuelca una de las partes en una relación amorosa, no es correspondida en la misma proporción y por tanto la utilidad o beneficio es mezquino y pobre.

Es indudable que de acuerdo con los esquemas y moldes reinantes vivimos una sociedad en que gran parte de la realidad, se valora en función de lo utilitario. Por tanto, estamos frente a una de las quejas más características y comunes de nuestro tiempo. «Doy tanto y recibo muy poco a cambio.» «Lo di todo y no fui valorada en mi esfuerzo.» «No soy reconocida en lo que hago.» «Estoy cansada de darlo todo y recibir a cambio migajas.» La lista de expresiones que denotan este hecho podría ser interminable. Lo cierto es que hemos escuchado, a lo largo de nuestra vida más de algunas de estas quejas. Lo que no percibimos es que esta manera de observar al amor es un acto mezquino en su expresión, egoísta en su manifestación y completamente utilitario en su propósito como si amar fuera algo negociable. Este enfoque deforma los sentimientos y contamina la pureza misma del acto de amar.

Estos mecanismos surgen por el tipo de creencias que existen en la mente, moldes que se asientan en el inconsciente y que se manifiestan de manera transversal en la sociedad y en toda clase de relación afectiva entre sus integrantes. La manera de relacionarse siempre va a reflejar los condicionantes y las emociones que aparecen en los diversos comportamientos. Como por ejemplo en la que existe entre algunos padres y sus hijos. Con frecuencia nos encontramos con padres que piensan que tienen unos hijos que son mal agradecidos. Naturalmente que estos reproches no se refieren a la necesidad de realizar una corrección pedagógica; al contrario, es la observación y la crítica de ver a alguien que no valora el esfuerzo que los demás realizan hacia él. Se ha perdido la gracia o la gratitud, cuestión muy misteriosa y ardua de tratar considerando que la gracia es aquella expresión natural de todas las facultades que tienen los seres en su expresión originaria.

Cuando surge la expresión del mal agradecido es porque estamos reclamando un reconocimiento externo de propio esfuerzo y desde luego con esta postura yo mismo le estoy dando la espalda a lo que hago, despreciando y perdiendo mi propia gracia que es la capacidad de expresar de manera natural mis capacidades. Cada vez que pido el reconocimiento de los demás de aquello que yo hago o expreso, estoy faltando al compromiso fiel de responder con mi propia tranquilidad y presencia consciente de lo que hago, respaldando lo que estoy haciendo porque es lo que corresponde en cada momento.

Otras de las tantas cegueras es no tener la capacidad de valorar adecuadamente lo que se está expresando o dando, es decir el no discriminar si la expresión amorosa que surge desde mi interior es lo conveniente y necesario para aquellos que estoy amando. Esta simple consideración nos obliga analizar ese impulso ciego y la predisposición a darse sin medida.

En el momento que se recurre a la prudencia surge la necesidad de dosificar adecuadamente cada uno de los impulsos que brotan desde nuestra realidad interior y seminterior, primero reconociendo la naturaleza de los impulsos que surgen, y luego sobre lo beneficioso que se obtiene al conseguir sus propósitos.

Voy a contar una experiencia, la que bauticé con el nombre de El vaso saturado:

En una ocasión, asistí una charla donde el expositor cogió una botella de agua de dos litros y ofreció a una de las asistente su contenido, le pasó un vaso con capacidad de doscientos mililitros y empezó a llenarlo mientras continuaba hablando, ante el asombro de todos lo llenó al límite del desborde. Cuando se detuvo la tensión del público era notoria ante el evidente desborde del agua. Se detuvo justo antes de que eso sucediera. Le preguntó a la asistente si quería que continuara vertiendo agua en el vaso. Con un gesto de la cabeza, cuidando la movilidad del cuerpo para no derramar el agua indicó que no, que ya era demasiado.

Utilizo este ejemplo para explicar que en mi intención de dar me estaba comportando de manera egoísta ya que yo tenía mucha más agua en la botella, que la capacidad del vaso; estaba saturado.

Este ejemplo tan obvio, es necesario para explicar una situación confusa que se vive con respecto al amor. Cuando se nos recomienda el hecho de abrirnos al amor, pensamos y lo asociamos al hecho de volcarnos, por tanto, surge el miedo, la desconfianza y el recuerdo de malas experiencias que nos han hecho sufrir de manera dramática. Pero claro, cuando hablamos de abrirnos lo hacemos en estricto rigor, es decir abrirse; como en el caso de la botella que para volcarse primero debe estar abierta, sin la tapa que la sella.

Una vez que la botella se abre es necesario dimensionar el tamaño del recipiente para saber efectivamente cuánto es lo que se puede volcar allí. Este es el verdadero sentido de abrirse, percibir, captar y estar en condiciones de volcar en función del tamaño del recipiente.

En el momento de abrirme puedo discriminar los diferentes recipientes que están a mi alrededor y así podré dosificar la entrega amorosa en función del tamaño y la necesidad que percibo en el medio que me rodea o donde me muevo. Así el amor hacia los padres, los hermanos, los hijos, los amigos, la pareja y hacia todo lo que nos rodean será diferente; cada uno tiene su propia capacidad de contener. Cuando automatizo la entrega: entrego solo a uno de ellos, descuido a los demás o les entrego menos, se produce resentimiento. Mientras que cuando estoy centrado puedo dosificar inteligentemente toda la entrega, de esta manera evito que se produzca una saturación, el desborde y una triste experiencia que deja huellas negativas.

Por esta razón jamás el amor debe andar solo
siempre debe contar con la buena compañía de la
inteligencia, del discernimiento y del sentido común.

Aunque para muchos el amor es ciego, podemos dar el dicho por verdadero, pero igualmente es verdad que el amor no podrá expresarse plenamente si no lo acompaña su lazarillo que es la inteligencia.

Es una gran ilusión el conflicto que existe entre la razón y la emoción, pues ambas se necesitan para alcanzar un estado de plenitud y felicidad, la una sin la otra está destinada al fracaso más evidente.

Mi tercer amor: ser objeto de deseo y aspiración de muchos

Muchas medias naranjas me vieron como su mitad y vinieron hacia mí con la inmadurez propia de quienes carecen de experiencias, lo hicieron de manera impulsiva similar a la forma con que viví mi primer amor, chocaban con mi parte convexa, mi faceta más dura, otras no eran proporcionales a mi circunferencia; mitades muy diferentes que con el tiempo agudizaban más nuestras desuniones, así se alejaban definitivamente de mí.

Quiero contar una de estas relaciones que por su particularidad la recuerdo perfectamente. Una experiencia llena de contradicciones y de una intensidad de sensaciones que marcó definitivamente aspectos importantes de mi personalidad.

Me pretendió una media naranja que con mucha dedicación se esforzó al máximo por conquistarme. Yo miraba para otros lados y buscaba medias naranjas diferentes, en mi interior pensaba que no era un buen partido. Yo quería otro tipo de media naranja que se ajustara más a mis deseos y pretensiones. Naturalmente que esta naranja al tratar de unirse conmigo lo hacía por mi parte trasera y se exprimía. Como estaba tras de mí yo la despreciaba, quizás porque me recordaba los momentos que yo estaba en esa misma situación y sufría tanto como ella cuando pretendí a la media naranja que me despreció.

El tiempo me hizo comprender que no despreciaba esta media naranja que me pretendía, sino que estaba despreciando mi propio sentimiento, aborrecía mi propio dolor que estaba asociado al recuerdo que me provocaba quien me estaba pretendiendo. El interés que manifestaba hacia mí era una señal clara del recuerdo doloroso, de una herida que permanecía abierta y que aún no lograba cicatrizar, una experiencia que aún no se superaba, un recuerdo que permanecía en la memoria.

La media naranja trataba de unirse a mí una y otra vez, a su vez una y otra vez yo me giraba para despreciarla. Era tanta la obsesión que tenía por mí que ciegamente se aferraba con su parte sensible a esa parte dura que tenemos las medias naranjas, el resultado era lamentable pero insensible como estaba no me importaba. Todos los días se exprimía perdiendo de esa forma su energía y vitalidad.

Las sensaciones que aparecían eran extrañas; por una parte, el desprecio que sentía era evidente, por otra me jactaba de cierta importancia y del hecho que alguien me pretendiera. Estas experiencias las vivía con vanidad, orgullo y cierta soberbia que me impulsaba a despreciarla con aires de grandeza.

Llegó el día en que la media naranja se cansó de sufrir torpemente. Perdió el interés en mí y se fue en busca de otra media naranja. Ese día fue impactante para mí, una experiencia chocante. Fue entonces que comprendí cuánto amaba mi propio sufrimiento, observé qué tan apegada estaba a ese drama, pues en el momento que me dejó empecé a sufrir su ausencia hasta límites insospechados. Me sentí nuevamente abandonada, lloré por aquella media naranja que yo hasta entonces despreciaba, el hecho que me dejara de amar me carcomía por dentro. Me sentí caprichosa, tonta, ahora me apetecía su amor, que continuara amándome, con un impulso obsesivo quería tenerla a mi lado... Lloré y apareció una faceta de mí que no conocía me sentí voluble, una antojadiza con ciertos impulsos maniáticos, comprendí que el mayor dolor lo producía el hecho de no salirme con las mías, no terminaba de aceptar que no me necesitaran.

Vi alejarse esta media naranja mientras mi ego y autoestima quedaban por el suelo, retorciéndome de impotencia por no hacer lo que se me daba la gana. Hoy con vergüenza recuerdo el sadismo de esa relación, lo mucho que sufrí por tal situación me hizo sentir que de verdad desconocía muchas cosas de mí.

Reflexión sobre las comparaciones

Todas las comparaciones amorosas son odiosas porque cada cual aporta lo suyo en el despertar de un ser y el desarrollo de su consciencia, además cada vez que comparamos damos origen a múltiples y complejos conflictos, sin embargo, es una de las grandes manías que existe, propia de un medio y de una sociedad altamente competitiva y que necesita las comparaciones para establecer sus éxitos. La gran estupidez de compararnos con los demás nos lleva a un nivel de estrés porque siempre encontraremos a quienes están por encima y a quienes están por debajo de nosotros. La visión comparativa nos impulsa a tener un comportamiento muy ajeno al proceso natural de evolucionar por medio de la colaboración y el complemento, por tanto, las comparaciones son un auténtico obstáculo para el desarrollo pleno y el logro de la felicidad.

El verdadero trabajo interior se sitúa en desarrollar las capacidades propias y superar las dificultades que emanan del mundo seminterior y no en resaltar las diferencias por medio de la comparación con los demás ni la competencia observando y resaltando las diferencias. Esta es una actitud que nos aleja de la humildad, la colaboración y el sentido común tan necesario para encontrar los elementos que nos permiten reconocernos en lo que verdaderamente nos une.

Cómo puedo compararme con los demás si yo como creación soy única e irrepetible. Comparar la creación de la naturaleza y los talentos que Dios puso en nuestras manos es un acto de injusticia y de abandono. La única posibilidad de evolucionar hacia la perfección es por medio de la autosuperación permanente de uno mismo, desarrollando las propias cualidades.

Mi cuarto amor: la poca cosa que nos creemos y lo mucho que somos

La ternura estuvo muy presente en una de mis relaciones, vi llegar una extranjera que por sus formas y comportamiento la encontré exótica, quizás me atrajo las particularidades de sus costumbres y su manera de ser tan diferente a las demás, era una naranja única y especialmente particular, esa diferencia que veía en ella era algo que brotaba de mí. Siempre busqué que me reconocieran de manera específica, en mi mundo interior tenía claridad de ser algo muy especial, pero la búsqueda externa y que los demás vieran en mi ese sentido tan peculiar fue una necesidad permanente.

La relación me hacía sentirme algo muy especial; esa sensación fue la que me cautivó. Nada más verla me sentí atraída y enamorada por esta extraña personalidad, comencé a seducirla y a relacionarme intensamente. Descubrí que yo la amaba con honestidad, pero sentía que mi amor por ella no era correspondido al mismo nivel. Estaba muy centrada en ella y cuando se relacionaba conmigo aparecían sus complejos de inferioridad, se sentía poca cosa, se pensaba incapaz de hacerme feliz.

Este complejo de sentirse incapaz de hacerme feliz era su propia infelicidad. Era un sentimiento de impotencia, de incapacidad por abrazar su propia felicidad y compartir ese estado interior conmigo. Naturalmente todos compartimos con los demás lo que llevamos por dentro, ella me entregaba eso que llevaba en su interior. Sin embargo, mientras más se obsesionaba con este sentimiento de sentirse poca cosa, más me obcecaba en hacerle ver que yo la valoraba por lo que era sin compararla con nada ni con nadie.

Insistí incansablemente, quería que comprendiera que todas las criaturas tienen sus propias fortalezas y que poseen sus propias cualidades y que jamás deberían compararse porque cada cual es irrepetible y único, pero mientras más argumentaba, más brotaba en ella la rebeldía de no asumir que podía ser importante en mi vida. Finalmente la dejé porque comprendí que a Kumquat[1] —que así se llamaba— no había forma de hacerle ver que en la visión que yo tenía, ella no era una enana, tampoco pude quitarle de su cabeza la idea de sentirse tan poca cosa frente a mí y los demás.

Muchas veces fue catalogada como humilde, pero tuve discrepancias con esa definición. La humildad no es postergarse ni sentirse disminuida ante los demás, sino que encontrar el medio justo de estar, escuchar cuando hay que escuchar, hablar cuando toca, saber que por sobre nuestra cabeza tenemos un gran universo y sobre nuestros pies un pequeño universo; pero ante la existencia no hay una más importante que otro, cada uno es lo que es y en las cualidades de la existencia cada presencia cumple su propia función. Las comparaciones y todas las sensaciones que de ahí nacen son una de las tantas facetas del orgullo y de la soberbia.

Los complejos en el amor

En la naturaleza no existe lo insignificante ni la poca cosa, cada realidad manifestada es un universo y tiene su razón de ser y por

---

1 Kumquat: naranjo enano, es un género de árbol y arbusto de la familia de las rutáceas, muy emparentado con los cítricos. Su origen es de China y el nombre en cantonés significa naranja dorada. Se introducen en Europa en el siglo XIX. Se cultiva en el sur de Europa, Estados Unidos, Argentina, México y Brasil. También se cultiva y utiliza como ornamental.

tanto cumple una función en la manifestación. Una experiencia muy común en nuestros días es el asunto de la autoestima, que en muchos casos llega a transformarse en un problema patológico. La dificultad de la autoestima emerge por dos razones básicas, la primera está asociada a la idea de llegar a ser; como hemos visto esta idea comienza a introducirse desde la más temprana edad cuando a los retoños los incentivamos en sus obligaciones para que lleguen a ser alguien en la vida.

Cuando un pequeño acepta la idea de llegar a ser, inconscientemente acepta y percibe que no es. Desde la percepción de no ser brota un gran sufrimiento y estrés. Como a nadie le gusta sufrir, aparecen las resistencias internas que como elementos de rechazo hacia ese sufrimiento se expresa con niveles de exigencias y perfeccionismos que, en muchos casos, son enfermizos.

La mentalidad de exigencia jamás se relaja ni llega a estar contenta con lo que es. Permanece en una constante batalla y competencia con los demás, siempre surge en ella la necesidad por demostrar que es mejor.

La segunda razón es una consecuencia de la primera. Cuando en los diversos esfuerzos que realiza el yo por demostrar su valor, siempre encontrará alguien que valga más que él, esta situación le provoca un gran desprecio hacia sí mismo por no posesionarse adecuadamente en esa relación.

En esta comparativa estará ejercitándose en aborrecerse y condenando toda clase de sensaciones que surgen desde su estado anímico, es un desprecio constante de sus sentimientos porque no se acepta tal cual es y cuando se compara con los demás se siente poca cosa, entonces decide adaptarse elaborando diversas estrategias para apaciguar estas sensaciones:

- Trata de ser aceptada agradando a los demás olvidándose de su verdadero sentir.

- Le resulta imposible negar un favor a los demás porque piensa que, si lo hace, dejarán de quererla.

- Siempre busca la unidad de su entorno descuidando la unidad interna que es de donde brota la paz y la serenidad.

- Se sentirá por encima de los demás pavoneándose de cómo es o se sentirá muy poca cosa justificándose o sintiéndose culpable.

- Aparecerá de manera continua un sentimiento de víctima, dramatizando o resaltando exageradamente su situación contractual.

- Se sentirá una incomprendida pues una de las pocas formas de darse importancia es considerando que su sufrimiento es de tal dimensión que nada ni nadie podrá ofrecerle un acto de comprensión.

- Sus compromisos carecerán de solidez pues no podrá sostener en el tiempo las decisiones tomadas autoboicoteando toda iniciativa por cambiar.

- Su sentido existencial es el drama en que se solapa. Si desaparece el estímulo del drama se buscará otro problema que siga alimentando su condición dramática.

- El encierro en sí misma es de tal dimensión que siempre funcionará como un bucle que se retroalimenta por la misma mecánica. Las imágenes de la buena, la víctima y la sufrida se alternan periódicamente.

Mi quinto amor: un amor mareador

Recuerdo la relación con una media naranja que era demasiado inquieta. No me refiero a esa inquietud propia de almas reflexivas. ¡No!, era ese tipo de actitud en que las respuestas y acciones nunca sabes por dónde van a salir —evidentemente no hago mención de que fuera creativa—. Era una media naranja ambigua, sin determinación, incapaz de precisar lo que sucedía con ella. Cuando estábamos juntos y yo me proyectaba en una relación estable, ella procuraba separarse de mí. Esta situación despertaba en mí una gran inseguridad, por el contrario, cuando yo aceptaba la idea de separarnos se aferraba con vehemencia a mí, esta otra situación me producía una gran contradicción y duda, sin saber cómo resolver mi relación pues eran tantas las dudas que surgían que no terminaba de creer que su amor fuera cierto y autentico; no lograba hacerme la idea de que este amor tuviera futuro.

En esta relación de ambigüedad pasamos mucho tiempo hasta que logré comprender lo que estaba pasando. Un día descubrí que la habían arrancado prematuramente del árbol y por tanto estaba verde, no la dejaron madurar y esa inmadurez aún se reflejaba en cada una de sus acciones.

Durante el tiempo que estuve con esa mitad inmadura, desarrollé mucha paciencia; quizás reflejaba parte de mi inmadurez porque tuve muchas resistencias para darme cuenta de esta situación y aceptar la idea que esa media naranja, aún no quería madurar, se resistía al hecho de asumir responsabilidades y permanecer con un mínimo grado de compromiso en una relación. Quizás y lo más probable es, que se sentía muy cómodo en ese rol y al menos por ahora no tenía ni la más mínima intención de cambiar, en cambio yo me sentía extremadamente incomoda porque dentro de mi propia inmadurez lo único que quería es que mi media naranja se definiera de una vez por todas.

Lloré mucho cuando tomé la decisión de separarme; pero sentía una voz interior que me decía que al dejarla estaba haciendo lo correcto. Había una parte de mí que sobrevaloraba todo el tiempo invertido..., todo lo que había vivido con esta media naranja me llevaba a rechazar la idea de haber perdido el tiempo con ella.

Es curioso que muchas veces rechazamos la rutina, pero cuando caemos en ella se produce una especie de adaptación y apego al hábito que se hace rutinario y es entonces que nuestras relaciones se transforman en una cuestión mecánica, chata, sin brillo, como un amor que se marchita porque pierde la pasión y la fuerza que despierta lo novedoso, lo creativo, lo ingenioso, lo imaginativo y la belleza que brota dentro del crecimiento de la misma pareja.

Tuve que desarrollar una gran firmeza para mantener mi decisión... ¡Tenía que hacerlo! Poco a poco me fui haciendo la idea que tenía que soltar, me fui convenciendo que definitivamente esa media naranja no podía ser la mía y que debía soltarla para que desde su condición de verde pudiera vivir su propio proceso de maduración.

Muchas veces la recordaba con cierta nostalgia, pero cuando lo hacía reflexionaba sobre un par de cosas que me atormentaron en su momento. Una de ella fue pensar si el color de su piel podía haber sido un motivo de separación. Su piel no era tan anaranjada ni tan vistosa como el mía, más bien era un color verde oscuro con ciertos matices de verdes claros. Digo esto porque yo soy una enamorada de la igualdad y de no discriminar por el color de la piel. Al principio me preocupé; sin embargo, reconocí que siempre me pareció una nimiedad el color de su piel, por tanto, concluí que nuestras diferencias no fueron una cuestión de piel. ¡Noo! La gran dificultad que tuvimos es que nuestras diferencias eran más profundas, eran apreciaciones de fondo, pues teníamos visiones de vida muy distintas, También aprendí muchas cosas de esta relación, logré comprender que en la vida no existen los tiempos perdidos, eso más bien responde a una cuestión de prioridades. Nosotras las naranjas no somos dueñas del tiempo y por esta misma razón no lo podemos perder.

Descubrí que en el amor existe una presión social que está vinculado al tiempo, existen frases populares que mencionan este hecho. «Ya se está en edad de contraer matrimonio.» «Se le pasa el arroz.» En muchas sociedades se establecieron ritos de apareamiento amorosos, iniciaciones que se desarrollaban a cierta edad biológica y que marcaban un antes y un después en la vida de ese integrante. Aunque en los tiempos modernos estas ideas no constituyen un modelo social, los impulsos siguen estando y funcionan desde nuestro inconsciente colectivo. No somos dueños de estos modelos ni tampoco somos dueños de los tiempos, mientras esta realidad no se tenga clara la relación con el tiempo y nuestra con la edad biológica estarán sujetas a altos niveles de tensión y estrés.

Reflexión sobre las inquietudes

Las inquietudes son sensaciones que provienen del estado anímico y provocan desasosiego o ausencia de quietud, son provocadas por diferentes estímulos algunos de ellos emanan desde el mundo interior los que sugieren una profundización en los mundos internos, indagando sobre cuestiones trascendentes como el autoconocimiento, la búsqueda de la felicidad, el misterio de nuestro origen, nuestro destino y sobre todas las cuestiones existenciales del ser y el no ser, en definitiva las cosas importantes para nuestra consciencia superior.

También existen otros tipos de inquietudes que se produce cuando no sabemos estar, es decir cuando el yo al estar presente lo acompañan la inseguridad, el miedo, la resistencia al cambio, la incertidumbre que provoca el devenir, el sufrimiento que emana por la sensación de estar perdiendo el control tanto de lo que sucede como por la inestabilidad emocional, la angustia y un tropel de emociones que verdaderamente no ayudan ni gustan al yo porque lo único que hacen es complicar las cosas ya que no tienen la capacidad de resolver.

Sobre las inquietudes que crean desasosiegos y que son acompañadas por emociones —mal llamadas— negativas, aparece con mucha fuerza el cuestionamiento de uno mismo al sentir que hemos perdido el control. Cuando los cambios de la vida nos han sacado de la zona de confort y de nuestra cotidiana rutina, aparece la sensación de inestabilidad y una gran incertidumbre hacia lo que vendrá. Cuando lo que está pasando a mi alrededor no coincide con lo que deseo es entonces que los niveles de sufrimiento, angustia e insatisfacción se agudizan, más aún si consideramos que como modelo ideal se ha priorizado la idea de la estabilidad. Cuestión bien absurda porque en la naturaleza todo cambia y la misma vida se actualiza por medio de esas vicisitudes; por este motivo mantener pensamientos antinaturales es sembrar angustia y dolor, más aún si uno de estos pensamientos surge en un ser vivo como un esquema rígido que no quiere aceptar ni desea que el cambio se produzca.

La realidad del cambio es difícil de aceptar pues después de cada cambio surge una nueva percepción del yo, y la consciencia que está apegada y enamorada de sí misma, intenta perpetuarse en su condición de lo ya aceptado, por esta razón aborrece los cambios pues indudablemente los cambios le obligan a tener que aceptar un otro yo. Todo lo que cambia no es definitivo y es ahí donde radica el gran error al tratar de perpetuar lo que cambia perdiendo de vista que todo cambio conduce a la consciencia hacia lo permanente.

Lo único que puede dar sustento constante al yo es su propio ser, su esencia, esa realidad profunda, permanente, que fue, es y será.

Solo en el momento que nos enamoramos de los procesos y de los cambios, nos estamos identificando con una realidad que es muy superior a nuestra particular visión, es entonces que priorizamos todo aquello que nos despierta y nos conecta con nuestra esencia inmutable y permanente, que después de cada experiencia es más evidente en la existencia del ser vivo. En esta visión siempre se aceptará el cambio como un acto de liberación.

Mi sexto amor: un amor superfluo

El día que vi pasar esta media naranja, para mí fue deslumbrante, fue un flechazo, lo que llaman amor a primera vista, inmediatamente percibí lo que era el prototipo de la belleza social, atrajo velozmente mi atención. Contuve la respiración y la miré por largo rato. ¡Me pareció fascinante! su colorido anaranjado intenso, el brillo en su piel, su silueta perfecta, me removió mis cimientos más profundos y toda por dentro me estremecí. Nunca tuve la oportunidad de contemplar una belleza como la que tenía frente a mí.

Miré a mi alrededor y me di cuenta de que todas las demás medias naranjas la miraban con el mismo asombro y fascinación. Por dentro pensé que ahí estaba mi media naranja, que mi búsqueda acababa allí. Sin pensarlo fui tras ella e hice todo lo que estaba a mi alcance para conseguir seducirla y vivir una experiencia amorosa. ¡Lo conseguí!, estaba feliz por mi logro. Todas las demás medias naranjas me miraban con cierta envidia; comentaban entre ellas mi gran suerte. Yo, sentía la dicha de ser una ganadora, de alcanzar una gran conquista. Era el centro, el punto de admiración y el hecho que todas las demás medias naranjas estuvieran pendiente de nosotras me producía un encantamiento interior que me hacía disfrutar de mi trofeo y de lucirme ante la mirada de todas las demás.

Cuando con gran ilusión unimos nuestras partes me llevé una gran decepción, me di cuenta que la media naranja que todas admirábamos estaba completamente vacía. Su hermosura solo era por fuera, por dentro estaba seca, no tenía ni una sola gota de zumo ni de substancia, no poseía nada en su interior que pudiera compartir conmigo. Me sentí tan decepcionada y engañada que llegué a enfadarme con el mundo.

Durante mucho tiempo me sentí víctima de un conflicto interior en que se batían a duelo dos grandes fuerzas; por una parte, la hipocresía de mantener una imagen que todos admiraban y por otra parte mi sentido más honesto que sufría amargamente con este absurdo que mantenía artificialmente. La aspiración verdadera de ser feliz contra la falsa, la egoísta consumada, cuya única satisfacción era saciar su ego con el mixto de envidia y admiración que las demás sentían por mí.

En mi fuero interno cuando miraba esos rostros con sus miradas llenas de envidia, me nutria en mi egocentrismo simulando un estado de felicidad falsa, sin embargo, por dentro llevaba la procesión de una media naranja decepcionada, sin un verdadero amor, jugando a las imágenes, a las escondidas y las apariencias. No obstante cuando llegaba a mi intimidad, a la soledad conmigo misma sentía la desdicha, el sufrimiento y la decepción amorosa más grande que uno pudiera imaginar.

El tiempo hizo que comprendiera dos cosas importantes; la primera que debía valorarme más a mí misma y la segunda, que las naranjas que son bellas por fuera pero que están secas por dentro, son naranjas que arrastran un pasado lleno de situaciones adversas. Investigué, indagué y traté de comprender porque existían estas imágenes tan falsas. Después de buscar ayuda y estudiar el tema encontré varios motivos sobre porque estas medias naranjas son así.

Descubrí que muchas tuvieron un pasado difícil, algunas habían estado en unos ambientes muy fríos, con heladas intensas que provocaron que se secaran. Entonces comprendí lo importante que es el calor de hogar, pues la ausencia de ese calor genera grandes desequilibrios en el desarrollo primario de toda naranja. Esta carencia genera dificultades profundas en toda crianza, debilidades que dejan huellas imborrables en la personalidad. Se podría decir que son naranjas que no saben ni quieren amar.

Otra causa de esta dificultad la encontramos en el abandono. Se sabe que cuando el fruto no es separado del sostenedor árbol que lo nutre en el tiempo oportuno, hace que ese mismo árbol sea quien le quite su contenido interior. Esto me hizo meditar, pues no acepté la idea que la madre de las naranjas sea la responsable de estos males, pensé que no podía haber, por parte de la madre, una acción deliberada que perjudicara a su retoño.

Naturalmente que este hecho es inconsciente, una acción instintiva que se ejercita por ignorancia, pues existen dos situaciones que lo demuestran: una es cuando una naranja no se desprende a tiempo de su origen el árbol, deja de desarrollarse y comienza a retroceder perdiendo su propia capacidad ya que el mismo árbol le absorbe el zumo que alguna vez le dio. Esta misma situación la viven los seres humanos cuando se aferran más allá de los límites aceptables a sus sostenedores o padres, al no desprenderse de ellos e iniciar un camino de desarrollo, es decir su propio viaje en la vida, renuncian en cierta manera a vivir sus propias experiencias, así es como terminan por adormecer sus cualidades internas. La otra situación la recordé a raíz de una escritura bíblica que menciona que a todos los seres de este mundo la naturaleza les otorgaba ciertos talentos, pero cuando esos talentos no son usados la misma naturaleza se encarga de quitárselos. Por el contrario, cuando esos talentos se ejercen, se multiplican por su adecuado uso.

Tanto me impresionó este hecho que reconocí la importancia de alimentar bien a nuestros seres queridos y a nosotros mismos, pero a su vez la necesidad de gastar adecuadamente eses nutrientes como lo explica la teoría de una de mis lecturas favoritas *El Atleta Espiritual* un libro que da las calves para evitar la obesidad espiritual.

En un primer momento, recibimos esos flujos energéticos tan amorosos que nos entrega la naturaleza misma y que nos despiertan esa dulzura tan propia de nosotras.

En un segundo momento, es tiempo de expresar esa dulzura y entregar todos los contenidos esenciales que nos hace tan especiales.

Reflexión sobre el impulso ciego y lo superficial

Uno de los instintos más intensos y potentes es el llamado instinto gregario que funciona sometido a ciertos acuerdos o modelos que reinan en la sociedad, estos paradigmas marcan una tendencia general sobre las aspiraciones y objetivos individuales de cada uno de sus integrantes. Los miembros de una sociedad despiertan sus aspiraciones e inquietudes en función de las enseñanzas recibidas y los contenidos aprendidos por todos. Una vez aprendido el modelo, todos se encaminan y tienden a ir hacia la obtención de dichos bienes. Los modelos reinantes, al menos en las sociedades actuales, son antagónicos a las aspiraciones verdaderas que los seres buscan en su interior como por ejemplo sucede con la teoría del bienestar que viene acompañado de mucho malestar y que es contraria al hecho de estar bien. Esta incompatibilidad de aspiraciones lleva a un conflicto y a buscar realidades diferentes.

Desde el interior brotan ciertas tendencias naturales que aparecen de manera ordenada una tras otra y que en la medida que se van despertando tenemos la sensación que estamos frente a un potencial intrínseco que contribuye para que alcancemos un estado de plenitud, sin embargo irrumpen los pensamientos implantados por los modelos sociales los cuales generan una intensa presión por realizarse, con todas las tendencias asociadas al recuerdo de nuestra propia experiencia y despiertan toda clase de deseos que eclipsan las verdaderas aspiraciones. De esta manera aparecen, una y otra vez, los paradigmas sociales que penetran en el interior del pensamiento y atontan las facultades profundas con que se manifiestan los seres, pues lo primero que aparece desde el interior son los mismos paradigmas que se llegan a concebir como aspiraciones propias y mientras no se cuestionen, seguirán emergiendo con mucha intensidad.

Mi séptimo amor: un amor tóxico

Viví una época que quisiera olvidar. Me relacioné con una media naranja que tenía unas costumbres muy peculiares. Al principio cuando la conocí se veía una media naranja alegre, animosa, contenta y normal. Su sentido del humor era brillante, sus bromas siempre eran oportunas, tenía esa perspicacia de resaltar situaciones graciosas que a mí me producían una alegría como pocas veces una naranja lograba despertar en mí. En las reuniones sociales muchas medias naranjas se le acercaban pues era ameno y sus chistes animaban cualquier situación por peor que parecieran, lo consideraban la *alma mater* de las convivencias.

Comencé una relación seria y formal con ella —quizás ese fue un error—. Cuando nos uníamos, yo ponía en esa relación toda mi dulzura y amor; sin embargo, me quedaba con una sensación de amargura que tardaba varios días en desaparecer... Siempre era igual y por mucho tiempo se prolongó esta situación.

Apareció una cierta obsesión de mi parte y estuve empecinada en cambiar su carácter, no aceptaba su condición amarga y quería dulcificarlo con mi naturaleza y carácter dulce. Cuando veía el trato que tenía con los demás y lo comparaba con la forma que como me trataba notaba una cierta incoherencia que no estaba dispuesta a aceptar ni a tolerar. Muchas veces le eche en cara esta falta de delicadeza que para mí era un claro signo de descuido y de desamor.

Viví muchas frustraciones las que fueron mermando mi carácter hasta un punto que no pude soportar más. Me sentía maltratada, incomprendida, insatisfecha y agredida por su carácter tan agrio. Llegó el día en que me di cuenta de que la naturaleza de una Naranja de Sevilla[1] era así, solo apariencias. Por estas razones no podía ser mi media naranja, además me quedó claro que nuestros contenidos interiores eran diametralmente opuestos y por tanto incompatibles. Lo viví como un absurdo, una paradoja del destino, aún hoy después de tanto tiempo no he logrado comprender cómo es posible que las naranjas de Sevilla tengan un carácter tan agrio cuando en esa zona las personas son de una simpatía, amabilidad, generosidad y buen humor como pocos seres en el mundo. Hoy puedo recordar esa experiencia con cierto sentido del humor, al punto que puedo reírme de la manera en que viví esa contradicción existencial, pero en su momento no la encontré nada de graciosa, pues durante mucho tiempo transité sin esbozar ni una mínima sonrisa.

Reflexión sobre las relaciones tóxicas

El maltrato es uno de los flagelos más comunes y tristes de las sociedades actuales, una lacra que está insertada en las costumbres de las sociedades patriarcales y dominantes. La agresividad y sufrimiento se expresan hacia fuera y muchas veces hacia uno mismo. Frecuentemente, sin darnos cuenta nos aferramos a relaciones viciosas aun cuando sentimos que contaminan nuestro sentido interior.

La percepción del maltrato psicológico es real en las experiencias vividas, pero la percepción no tiene cabida en lo relativo a nuestra esencia, pues nada puede contaminar el fondo esencial. No obstante, debemos reconocer ciertos impulsos internos que se centran y fijan en esa realidad exterior que son de carácter

---

1   La naranja amarga de Sevilla se trata de un árbol de origen asiático que los árabes lo introdujeron en la zona andaluza utilizado especialmente como ornamental, es característico el aroma, su fragancia lo hace único, aunque el mayor uso de este naranjo es para producir la mermelada amarga de naranja que se consume de manera muy popular en Inglaterra.

vicioso y que resultan más fácil verlo fuera de nosotros que en nuestra propia vivencia interior.

Es típico afirmar que las personas me dan rabia, molestia, enfado y que estoy sufriendo por ti. Pero es completamente falso. Tú no me enfadas, yo me enfado. Tú no me enamoras, yo me enamoro. Tú no me inspiras, yo me inspiro. Así con todo. Los estímulos solo propician, pero lo esencial y lo que está dentro de mí es lo que aparecerá. Esto ocurre para que yo tome consciencia de las cosas que habitan mi mundo interior y que debo aprender a reconocer. Ignoramos esos impulsos hasta su aparición. Así como desconocemos nuestra realidad, tanto de facultades como en sus aspectos nocivos.

Cuando estoy sufriendo en una relación lo estoy haciendo porque no quiero ver el sufrimiento que arrastro y que está en mí. Por esta razón la naturaleza se encargará de ponerme uno u otro estímulo que me mostrará claramente lo que llevo en mi mundo seminterior.

Soportar toda clase de sufrimiento y desprecio del exterior es aceptar que de alguna manera merezco el desprecio, porque yo soy el primero en despreciarme y rechazarme. De allí la importancia de amarse profundamente, esta clase de amor propio nada tiene que ver con el sentimiento absurdo del egocentrismo. Amarse y respetarse es conciliar nuestro mundo interior desde un principio supremo de dignidad; y a partir de este punto amar, disfrutando el amor que surge desde lo más profundo, el cual nos enriquece y nos aleja del acto pobre y mezquino de mendigar un poco de amor.

Mi octavo amor: no toda naranjilla es naranja

Me presentaron a Lulo, era un viajero que venía de viejas tierras, del otro lado del charco, su extrañeza llamó poderosamente mi atención sintiéndome atraída por él, pertenecía a una sociedad cuyos integrantes recibían el nombre de naranjilla[1], este nombre me confundió e inmediatamente abrí mi corazón pensando que era de los nuestros y establecí una relación formal con él.

En la medida que fui conociéndole comencé a ver sus formas muy diferentes a las nuestras, su naturaleza interna no encajaba en nada con la mía, evidentemente mi decepción fue de tal magnitud que no tuve la necesidad de desarrollar un análisis de dicha situación, simplemente en forma instintiva surgió en mí el miedo y la desconfianza hacia lo diferente, sentimientos que hicieron que me alejara definitivamente de este desconocido y ante la insistencia de Lulo surgió el rechazo y el desprecio con el único propósito de mantenerlo lejos.

En mi fuero interno, a pesar de no ser clasista, pensé que nosotras las medias naranjas teníamos una naturaleza muy superior a esta naranjilla, sentimiento peyorativo que no me permitía otorgarle un valor equivalente al que yo le daba a las demás naranjas, a pesar de tener grandes diferencias con muchas de ellas.

---

1   Naranjilla es una fruta muy popular en algunos países latinos como lo es Perú, ecuador o Panamá, también la llaman Lulo en Colombia, República Dominicana, México y Venezuela. Es una fruta tropical y exótica, contiene una pulpa de color verde muy jugosa y se caracteriza por su sabor ácido, internamente se divide en cuatro compartimentos y por fuera tiene una cascara amarilla, parda o anaranjada.

Cada vez que tienes una experiencia en que tu mundo emocional se mueve, surgen de manera acelerada miles de pensamientos que desfilan por la mente y que solo puedes observarlos porque resultan imposible aplacarlos, detenerlos o eliminarlos. Mientras pensaba en Lulo aparecía de manera repetitiva el pensamiento que me decía: ¡si no es naranja, no es lima, no es limón, ni pomelo!, ¿entonces que diablo es?

Concluí que, si no era algo de lo ya conocido o por lo menos aceptado por nosotras, no deberíamos entremezclarnos relacionándonos con extraños, ni deberíamos correr ninguna clase de riesgo en establecer vínculos con esta clase de extranjeros que tanto por sus formas como por sus comportamientos nos desconciertan con sus formas y conductas. Aunque debo reconocer que la forma de Lulo en apariencia era muy similar a nuestras siluetas. Su cuerpo era tan esférico como el nuestro, pero la diferencia se marcaba por dentro, en nada nos parecíamos éramos medias naranjas completamente distintas al punto que no deberíamos albergar dudas. Pero claro, a pesar de todo me confundió su nombre, aun hoy no entiendo porque motivo han decidido llamarlas naranjillas.

Reflexiones sobre los miedos y el rechazo a lo diferente

Uno de los aspectos más comunes es el rechazo que se produce cuando nos relacionamos con costumbres de seres que poseen formas y hábitos muy diferentes a los nuestros. Se trata de un choque cultural y nos lleva a despreciar otras culturas y seres por el simple hecho de mantener un comportamiento diferente a los que nosotros tenemos y que proclamamos como civilizados, por pertenecer a un conjunto cultural que marcan nuestra idiosincrasia.

Occidente tiene una larga y lamentable historia donde el desprecio por lo diferente ha llevado a consumar las peores atrocidades. La esclavitud, las matanzas por diferentes formas de pensar, los genocidios étnicos, las rivalidades entre pueblos, las pugnas de poder y la animadversión odiosa entre naciones ha sido la tónica de tiranos que han masacrado todo intento de sana convivencia.

Estos rechazos aún actúan desde el aspecto oculto de nuestra mente y nos llevan a amar la vida y a darle un valor en concordancia con nuestra manera de vivir. Todo lo diferente será evaluado en función de la cercanía o lejanía de lo que son y constituyen sus aspectos culturales y sociales, tomando como modelo de juicio el que sostenemos o el que nos rige. De esta forma nos hacemos unas clasificaciones para etiquetar los modelos que constituyen los integrantes de primera, segunda, tercera y cuánta clasificación exista en función de la importancia que le otorgamos a esa valoración.

Un claro ejemplo es que, dentro de los cánones del bienestar no se valora igual a quienes tienen un acercamiento a esos objetivos, comparados con otros que no lo logran o están más distantes. Naturalmente que existe diferencia entre alguien que posee más o que es rico a alguien que carece de lo necesario por ser pobre, pero al referirnos al concepto obvio que implica las diferencias, de acuerdo con el modelo reinante, inconscientemente le damos más valor a la vida del que posee que de quien carece de ciertos logros.

En muchas regiones cuando se valora la zona donde vivir, las ciudades o los países igualmente aparecen estas discriminaciones, por ejemplo, una catástrofe en el tercer mundo no tiene el mismo impacto que se sucediera en el primer mundo, lo mismo ocurre con un atentado terrorista, el impacto que tiene en un país desarrollado será notoriamente mayor que si sucediera en otro lugar. De igual forma tiene un mayor impacto mediático la desgracia de alguien poderoso o con recursos comparado con quien no tiene nada. Así con todo, de esta manera se establecen diferencias de clases sociales, etnias, culturales, creencias y sexo.

Nos gusta lo diferente como algo recreativo, pero cuando nos relacionamos de manera cercana con las diferencias, los niveles de tensión se multiplican exponencialmente. Una cosa es relacionarse y acoger lo diferente y otra muy distintas es aceptar la diferencia como una forma de enriquecimiento interior. Ante esta incapacidad de integración se ha planteado el tema de la tolerancia como una gran virtud, pero en estricto rigor tolerar o aguantar es un dejar estar, sacrificando muchas veces la visión, esquema o resistencia que se puedan desarrollar sobre diversas cuestiones. Esto no es un trabajo real de liberación de divisiones profundas, más bien son adormecimientos de la consciencia y ocultamiento de ciertos esquemas colectivos que brotarán cuando menos se les esperen ya que subyacen en las capas profundas del inconsciente.

Genéticamente se produce un enriquecimiento con las mezclas de razas, por el contrario, cuando este enriquecimiento no se produce la degeneración y la corrupción pasan a formar parte de la etnia como queda demostrado con aquellas que no se mezclan para conservar su pureza.

Cuando se trata de desarrollar ideas, culturalmente sucede lo mismo, unas ideas que se contrastan con otras ideas producen nuevas formas de pensar, nuevos paradigmas o modelos sociales.

El enriquecimiento de las ideas, la proliferación de estas, justamente alcanzan elevados niveles cuando se relacionan las unas con las otras. Los nuevos moldes surgen con fuerza y dan nuevas respuestas a las diversas necesidades, todo a partir de estas fricciones.

Mi noveno amor: un amor melodramático

La melodramática situación que viví con una media naranja fue intensa, extraña y totalmente ajena a lo que yo quería. Recorrí medio mundo buscando mi media naranja, uno de esos viajes me llevó a una parte que es característica por la expresión del arte, el buen gusto en el vestir, por ser un buen referente para la moda, expresión múltiple de obras de grandes maestros escultores que resaltan diversas temáticas, un lugar de conocidos artistas donde perciben de manera magistral el concepto de la belleza.

Allí conocí una media naranja muy particular, era extremadamente dura por fuera, hosca, huraña en sus comportamientos, no tenía ni la suavidad ni la sensibilidad para relacionarse con las demás.

Cuando comencé a tener un acercamiento afectivo, para mí fue extraño pues ella comenzó a abrirse de un modo muy estratégico, cada palabra, movimiento, gesto y expresión eran cautelosamente calculados y denotaban una contención, un guardarse aspectos ocultos que no querían que fueran detectados. Como un felino cuando se acerca a su presa, de manera silenciosa, sigilosa, conteniendo la respiración y toda su tensión para descargarla en el momento oportuno.

La frialdad en el trato era de una dureza tal que se reflejaba por fuera en su piel dura, que más parecía una gran costra, llegué a pensar que disfrutaba de su manera de ser y quizás se sentía cómodo mostrando esa faceta indiferente; su insensibilidad era su característica más importante.

Desde un principio no acepté esta condición y me propuse traspasar esa dura costra y penetrar en ese mundo interior que tan obtuso se veía para el amor. Como en todas las relaciones que empiezan bien, en la medida que pasa el tiempo y entramos a la zona de confort en que nos mostramos tal cual somos, descubrí que esa dureza funcionaba como una especie de castillo protector, como una fortaleza que protegía una parte que encerraba miedos, inseguridades y lo que más temor le producía era perder el control de sus emociones.

Detrás de esa costra se escondían las más diversas sensaciones, emociones y pensamientos que uno pudiera imaginar. Encerraban unos dramatismos muy por encima de lo normal. Sus reacciones eran tan temperamentales que desconcertaban por completo mi entendimiento. Su manera sensible la hacía vivir todo de una manera muy intensa y escandalosa, sus alteraciones anímicas y emocionales me llevaban siempre a una situación de colapso, sus escándalos producían mucha inestabilidad y molestia en mí. Su carácter tan pasional, tan intenso en todo, hizo que no pudiera encontrar la forma de relacionarme con esa media naranja de una manera equilibrada. Su vida era la personificación del dramatismo.

Para mí era demasiado complejo, su dureza externa nada tenía que ver con el desenfreno interior, en algunos aspectos era tan básico y primitivo y en otros tan pasional y complicado que no pude soportar mucho tiempo esta relación. Cuando nos separamos me quedé con miedo a que tuviera alguna reacción desmedida que atentara contra su integridad, contra la mía o contra ambas, menos mal que no pasó nada, pero esta media naranja no conocía el control a la hora de expresarse interiormente, era como un libro abierto desvelando sus aspectos pasionales sin ningún elemento regulador. Su color rojo intenso como la sangre, muchas veces me producía miedo, con ella descubrí los caracteres sanguíneos.

Me costó tiempo tomar la decisión de romper, no fue fácil, el obstáculo mayor era superar mi propio miedo para dejar esta relación, sus formas y costumbres eran tan desconcertantes que desconocía por completo cuál sería su reacción si la abandonara, tenía pánico a su manera dramática de reaccionar. La naranja Sanguina[1] es así de intensa, seguramente su nombre lo adquirió por su mala fama en el trato con los demás.

Reflexión sobre la hipersensibilidad emocional

La hipersensibilidad emocional es una de las situaciones que se producen en las relaciones amorosas, especialmente cuando su expresión surge desde la inmadurez del amor obsesivo, manipulador y posesivo.

Las emociones mal gestionadas actúan y funcionan como un techo en las aspiraciones internas; cuando se gestionan adecuadamente forman parte de una plataforma donde el yo se apoya para desarrollar un buen pensamiento. Cada vez que vemos a alguien que está en paz, observamos que sus pensamientos también lo están, a su vez esta mente en paz se asienta en unos sentimientos y emociones que están disfrutando de un estado de paz. Lo mismo sucede con alguien que tiene una emoción desatada en un conflicto amoroso, su mente lo reflejará en sus formas de pensar y en toda clase de acción ese estado de conflicto que no puede simular.

Los seres que actúan desde la hipersensibilidad lo hacen de manera autocentrada con unos niveles de egoísmo en que lo

1 La naranja roja o sanguina es una variedad de naranja con la carne de color rojo intenso, se parece mucho al color del zumo de la frambuesa, Se piensa que el color lo obtiene por los cambios tan drástico de temperatura, más acida que la naranja común, su cascara es más dura y difícil de pelar. Muchas veces se la describe como un híbrido entre pomelo y mandarina. Su producción mayor es de origen siciliano.

único que pueden apreciar es su manera dramática y su forma desequilibrada, entrando en una espiral de descontrol y emociones desatadas que tienden arrastrar a todo aquello que se encuentra a su alrededor. Muchas veces estas reacciones nos arrastran y nos llevan a confundir el entendimiento. Se califica a quienes actúan, así como seres de carácter fuerte, no obstante esta afirmación carece de veracidad pues el verdadero carácter está en la gestión de los pensamientos y de los impulsos emocionales. Por tanto, lo correcto es mencionar que este tipo de acción es propio de quienes carecen de carácter porque cuando el impulso actúa sin ningún freno es porque tanto la voluntad como la inteligencia se ausentan en el gerenciar cotidiano de la vida.

Cada vez que aparece un comportamiento que solo está enfocado en sí mismo es propio de un egoísmo que pretende someter al mundo a su propio modo de ver la realidad, así jamás se podrá modificar una práctica ya que el hábito busca modificar su entorno a la propia conveniencia.

Perpetuar la especie

Quiero contar un episodio que viví muy de cerca y aunque yo no sea la protagonista lo recuerdo porque fue una experiencia que me contó mi madre quien vivió una situación que la marcó en su periodo juvenil y me influyó en la manera de pensar y observar la vida.

El primer amor de mi madre fue un amor romántico, lo encontró con una media naranja que la hizo sentirse acogida, amada y plena, vivieron sus primeros años de manera muy feliz. Aparentemente todo funcionó a la perfección, a pesar de que comenzaron a sentir una cierta presión por parte de su entorno ya que deseaban que la familia aumentara y tuvieran descendencia.

Existe un instinto natural en todos los seres vivos que actúa como un impulso irresistible por alcanzar un estado de inmortalidad. Esta tendencia a perpetuarse tiene dos formas de manifestarse; uno es por medio de obtener una consagración por algún logro que impacte en la consciencia y se recuerde entre todos los integrantes de la sociedad, o desarrollar una consciencia plena de su propia inmortalidad. La segunda forma es más común y está más cerca de las posibilidades generales y es la necesidad de procrear tratando de inmortalizar la especie.

En esta segunda aspiración, sintieron la necesidad de procrear y hacer crecer la familia, tener descendencia. Año tras año lo intentaban y al no lograr el objetivo se producía una tensión que día a día fue a más. Se instauró en el ambiente una especie de exigencia intransigente y en forma inconsciente los familiares empezaron a culpabilizarla. La presión aumentaba día a día y la tensión hizo la cuestión insostenible hasta llegar a ser despreciada por no tener ni la capacidad ni la disposición por hacer crecer la familia. El estigma de la infertilidad cayó sobre mi madre quien sufrió en su autoestima y cada día que pasaba tenía que enfrentarse a su propia vergüenza y al desprecio social.

Un buen día se hizo asesorar por una naranja especialista en dicha materia y después de hacerle todos los exámenes, hizo venir a su media naranja, el cual sí tenía incapacidad de procrear porque carecía de semillas.

Una cierta satisfacción sintió mi madre. Acto seguido abandonó a su media naranja y con el tiempo encontró su otra media naranja con la cual no paró de procrear y multiplicarse por doquier, de hecho, mi familia es muy numerosa. Muchos campos y huertas forman parte de su herencia genética. Posteriormente, se enteró de la procreación asistida, de lo cual se alegró, porque pensó en la gran cantidad de problemas que se solucionarían por medio de este método.

Antiguamente se reproducían solo por medio de las semillas. Ahora la ciencia ha aportado grandes soluciones a los diversos problemas reproductivos de las naranjas y la reproducción asistida es un método muy efectivo. Las naranjas se reproducen por el método del injerto y por otro sistema llamado por sarmiento, métodos que la ciencia moderna puede explicar mejor que yo, porque dentro de mi simpleza no logro tener una comprensión más profunda del tema.

Reflexión sobre las exigencias de la reproducción

Una de las grandes aspiraciones que tienen los seres vivos es reproducirse y ver expresado sus aspiraciones y sueños por medio de las generaciones futuras, es el anhelo o instinto de reproducción que busca la perpetuidad de la especie.

Esta necesidad de inmortalizarse despierta diferentes motivaciones como lo es la búsqueda de una realidad superior, la aspiración de llegar a una consciencia plena de inmortalidad y vida eterna en el sentido de la espiritualidad; es también motivo de perpetuidad consagrarse en alguna obra que quede manifestada en la trascendencia y en la memoria colectiva de la sociedad, aspiración de todo idealista que pretende dejar una huella en la historia; finalmente tenemos el medio más común, buscar perpetuarse por medio de la reproducción. Este último motivo cuenta con la aprobación de los moldes sociales que aseguran un estado de realización por medio de este logro. Las parejas que no alcanzan este objetivo se ven sometidas a unos niveles de presión y estrés que conllevan conflictos ocultos, más aún cuando se considera la descendencia un fenómeno obligado. Cuando aparecía la imposibilidad para procrear, las familias generaban profundas expresiones de frustraciones y tensiones que llevaban a buscar culpables, estas culpas se enfocaban inicialmente hacia la mujer y en muchos casos culpaban a toda la familia.

En los tiempos modernos estos esquemas se han flexibilizado, pero en ningún caso han desaparecido pues cuando los paradigmas no son cuestionados por medio de una reflexión profunda para luego abandonarlos, mutan y se interiorizan permaneciendo ocultos en el inconsciente colectivo manifestándose de manera rígida.

Las formas más inconscientes e invisibles de la infertilidad están asociadas a los esquemas de la naturaleza y de su condición de carencia o pobreza, también se expresa como miedo al éxito porque de alguna forma bloquean la riqueza natural en su condición de fertilidad y reproducción. Aparecen estos esquemas como una resistencia a ser feliz o una fuerza boicoteadora que frena muchas aspiraciones interiores y atentan contra las posibilidades y las facultades generadoras y fuentes de riquezas.

CUARTA PARTE

Punto de inflexión

Los seres humanos también

De todas estas experiencias y de una frase popular que dice «la naranja por la mañana es oro, por la tarde plata y por la noche mata» sentí el peso de la decepción al no encontrar una media naranja definitiva, mi estado emocional había sufrido muchos altos y bajos emocionales que me llevaron a pensar en renunciar a mi búsqueda, incluso comencé a creer que buscar mi media naranja podía ser nocivo para la salud. En todos los casos el proceso era similar, comenzaba con mucha pasión y con gran ilusión, cuando se acababa la pasión aparecía la rutina, que como letanía señalaba el ocaso de la relación, entonces aparecía la desilusión y se marchitaban los anhelos, expectativas y proyectos de vida con esa media naranja.

Llegué a preguntarme ¿qué sentido tiene la vida? Decepcionada pensaba «si no existe mi media naranja la vida en sí misma no tiene mayor importancia», a estas alturas había logrado cosas importantes: disponía de unas vestimentas con protección especial para mi parte más delicada, tenía una vivienda que me cobijaba, poseía un sistema de transporte expedito que permitía movilizarse con efectividad. Todos saben que una media naranja no avanza ni roda con la velocidad y adaptabilidad que tiene una naranja entera.

En la necesidad de encontrar respuestas a esta delicada situación me dediqué a estudiar, analizar distintos sabios contemporáneos y toda clase de tratados filosóficos y espirituales sobre el amor. Analicé un escrito que me influyó intensamente; al leerlo sentí una identificación plena. Me refiero al planteamiento y el discurso que realiza el helénico Aristófanes en El Banquete de Platón, dedicado especialmente al amor. Allí comprendí que los seres humanos también viven esta misma tragedia. Cuenta Aristófanes que en los inicios los seres humanos eran hermafroditas, mantenían una forma esférica, tenían cuatro brazos y cuatro piernas, sus poderes eran grandes y sus capacidades parecían ilimitadas.

Tan poderosos se sentían los humanos que desarrollaron una actitud desafiante contra los dioses, la actitud soberbia, prepotente, insolente e irreverente contra la clase divina fue el motivo que alteró y enfadó a Júpiter quien decidido a darles una lección ejemplificadora hizo caer sobre ellos su maldición. Los partió por la mitad para quitarles el poder, desde ese momento los humanos dejaron de ser perfectos y desde entonces deambulan por el mundo buscando incansablemente su otra mitad, graciosamente le llaman a esta búsqueda «encontrar su media naranja». Al principio pensé que los seres humanos conocían mi drama, mi secreto, ¡pero no! mera coincidencia, por este motivo continué con mis vivencias y proceso evolutivo separada del resto.

¡Eso sí!... está situación despertó en mí una duda existencial, un conflicto de creencias y el cuestionamiento de todas mis convicciones…

¿Quién era ese tal Júpiter?... las preguntas se sucedían una tras otra: ¿no sería un Dios universal para todos los seres?, ¿acaso, las naranjas estaremos sometidas a su dominio y potestad?, ¿Júpiter sería Dios o una fuerza oscura y satánica que maldecía toda la creación? Las dudas fueron a más. Por una parte tenía un concepto de Dios dulce, amoroso, sostenedor y todo bondadoso, un Dios al que se podía amar, un Dios comprensivo, benevolente, amoroso, un verdadero padre universal que vela y se desvela por la felicidad y realización de todos sus hijos sobre la tierra. Pero, por otra parte, a partir de cierto hecho, todas las experiencias vividas correspondían más bien al reino de Júpiter.

¿Y cómo era Júpiter?

Un todopoderoso soberbio, autoritario, prepotente que hacía lo que se le daba en gana, dominador, castigador, presumiendo constantemente de su supremacía sobre los demás, un dios que disfrutaba y se alimentaba de las ofrendas que todos los seres realizaban hacia Él. Por cierto, que todas estas ofrendas no se realizaban por un acto devocional hacia Júpiter. Las ofrendas se hacían para aplacar su ira o para solicitarle un favor en particular, un dios respetado por su poder o mejor dicho temido por su poder, un dios al que no se le amaba.

Llegué a pensar ¿Este tal Júpiter nos habrá mandado una maldición a las naranjas? ¿O quizás, dentro de nuestra ignorancia le habremos ofendido en algo? ¿Júpiter sería más poderoso que Dios?, ¿ese Dios que tanto amé en mi juventud, nada podía hacer para protegernos de esta maldición?

Pensé que todas las naranjas que vivían una situación similar entraban así a vivir un profundo conflicto de fe y se sentían abandonadas por Dios. Por una parte mis creencias primeras se tambaleaban ante el sufrimiento y la decepción. Por otra parte, pasé por momentos en que el ateísmo fue mi identidad o postura pues ya no creía en Dios. Al mismo tiempo aparecía la imagen de ese tal Júpiter asociado a la fatalidad y que me quitaba el sueño, por momentos me daba cuenta y descubrí que esto también formaba parte de una nueva creencia.

Se había instaurado una nueva creencia. Creía en la mala suerte, la fatalidad, la crueldad, el egoísmo, la ambición, el maltrato, el sufrimiento, la pérdida, la resignación y la sobrevivencia. Había perdido la inocencia y mi búsqueda de la felicidad.

La media naranja real y la media imaginaria

Dentro de mi desesperación mi búsqueda fue intensa e incesante. Soy una auténtica buscadora y como tal jamás renuncié a mi espíritu. Sin escatimar ningún esfuerzo fui encontrando y acumulando diversas vivencias amorosas en mi vida. De todo este cúmulo de experiencias adquirí un conocimiento certero que me llevaba a deducir con toda precisión sobre mi media naranja. Era algo muy claro. Cada vez más agregaba a mi conocimiento nuevas conclusiones categóricas. Al menos tenía muy claro cómo no tenía que ser mi media naranja. Y en esa dirección fui descartando posibilidades. Hoy puedo reconocer con cierta vergüenza que mi media naranja no es el Limón, ni tampoco el Pomelo, episodios de mi vida que no puedo ni quiero relatar, esto queda solo en mi memoria y en mi intimidad porque las conclusiones que desarrollé son tan obvias que hasta hoy, el solo recuerdo de dichas situaciones y vivencias me descomponen, me ponen la piel de gallina y me llenan de pudor.

Después de tantos fracasos comenzó a fraguarse dentro de mí la posibilidad de renunciar a encontrar mi media naranja, era tanto lo que había buscado y mis resultados eran calamitosos que estaba cansada de tanto sufrimiento. Empezaba a aceptar la idea de quedar partida para siempre, partida para toda la vida, aceptar esta realidad era admitir la sensación de soledad, esta conformidad no estuvo ausente de dramatismos, sentimientos profundos y constantes restablecimientos de mi imagen. ¡Sí!... muchas veces tuve que reconstruirme, cada vez que fracasaba aparecían los mismos fantasmas de siempre; pesadillas que me llevaban a odiarme a mí misma. Allí una y otra vez apareció el miedo, la angustia, la incertidumbre, la frustración, la irascibilidad y la rebeldía. Me pasaba todos los días criticándome, me repudiaba y me condenaba, porque sentía una incapacidad enorme para gestionarme. Me sentí una verdadera inútil para mantener una relación naranjil.

Ya cansada de tanta decepción, el trauma se apoderó de mí, estaba deprimida. No quería saber nada de nada, si veía pasar medias naranjas buscando su otra mitad, yo pasaba de ello y hasta con cierto desprecio reprimía toda posibilidad de relacionarme con ellas. Dejé de buscar mi media naranja, en este estado me apetecía estar sola; sin embargo, la angustia no se iba, permanecía en mí. Necesitaba comprender y lo más importante comprenderme a mí misma. Una naranja entera no tiene problemas existenciales, pero nosotras las medias naranjas somos un tropel de diversas sensaciones, emociones y pensamientos que deambulan incesantemente en nuestro interior, sin control ni dominio nos debatimos en intensas contradicciones existenciales.

Esta angustia vital me movilizó por mucho tiempo y fue el estímulo necesario para encontrar una respuesta a mi problemática existencial. El estado de angustia y sufrimiento me hizo comprender que mi prioridad número uno no podía ser la búsqueda de mi media naranja. Mi verdadera prioridad era salir de mis tormentos pues ya no era la misma de antes.

Me recordaba cómo era antes y con claridad veía que yo... yo que soy la media naranja real era otra, ya no era esa media naranja llena de sueños, entusiasmo, alegría y con ganas de comer el mundo. Me miraba en la condición en que estaba y daba pena. Vislumbré que, en la búsqueda de mi media naranja imaginaria, estaba perdiendo las características más importantes de la media naranja real que soy yo.

En cada experiencia de mi búsqueda sentía que una parte de mi moría, a su vez esa parte que moría era suplida por una nueva sensación que condicionaba por completo mi manera de actuar. Es claro, en mi ánimo de conquistar mi media naranja ¡no estaba siendo yo, estaba siendo otra! Había creado en mi interior la imagen de cómo tenía que ser mi media naranja. La media naranja imaginaria tenía la misión de cumplir las exigencias a mis necesidades. Esa mitad que buscaba debía ser comprensiva, amorosa, resolutiva, amable, tierna, a veces presente, otras silenciosa y dispuesta a escucharme, atractiva, en lo posible solvente, delicada, honrada, sincera, generosa, inteligente, un ser de luz. Por cierto, que todas las medias naranjas con las cuales me relacioné no cumplían mis expectativas, al menos en algunas de estas exigencias.

A la postre, tras haber vivido tantas experiencias comencé a sospechar sobre su existencia. Quizás esa media naranja imaginaria era una mera ilusión, una quimera, una fantasía, una actitud delirante despertada por los cuentos de hadas.

Ahora mi prioridad había cambiado, centrándome en la media naranja que yo soy, de la cual quedaba muy poca pues me estaba perdiendo, las experiencias vividas me llevaron a sentirme tan poca cosa como la media naranja que buscaba. Recordé cómo yo era al iniciar la búsqueda y me comparaba con la que era en aquel momento; había tanta diferencia que me sumí en un profundo estado de depresión.

En ese estado solté. El miedo a enamorarme fue tal que ya no me apetecía encontrar mi media naranja. En el momento que solté mi obsesión por encontrar la media naranja, disminuyeron notablemente mis síntomas de depresión, se apaciguaron mis angustias y en cierta forma recuperé algo de autoestima de esta media naranja que soy y que se sentía tan apaliada por el karma. Comencé a valorarme un poco más, a replantearme mis verdaderos objetivos, cuestionando firmemente mis aspiraciones amorosas. Yo que soy una media naranja real y que me había empeñado en buscar una media naranja imaginaria había desarrollado unos hábitos y costumbres tan imaginarios como la imaginación que surgió en mí sobre todas las demás medias naranjas.

Reflexión sobre la búsqueda y las auténticas inquietudes

La búsqueda es una inquietud que emerge de dos realidades diferentes. Por un lado el sufrimiento, que es una señal muy clara e inequívoca que nos hace ver el error de ir por mal camino, que no estamos haciendo lo correcto. No obstante, esta búsqueda es efímera, pues cuando se logra apaciguar el sufrimiento se retorna a la comodidad, al estado de estancamiento y el abandono de nuestras auténticas cualidades. Por otro lado, está la búsqueda de lo superior y de encontrar un referente que nos lo recuerde, de lo perfecto, de la trascendencia, de una cierta clarividencia de lo evidente. Desde este aspecto profundo surge la inconformidad. Cada vez que alcanzamos un objetivo, aunque nuestras creencias afirmen haber llegado a un fin, algo lo rechaza ya que todos los proyectos que nos planteamos en la vida son intermedios; medios que nos llevan a alcanzar un final mayor. Este rechazo de los logros transitorios es la manifestación de una intuición profunda que sabe distinguir la realidad alcanzada como un mero tránsito hacia la realidad total. Esta misma facultad es la que sabe reconocer los estados de plenitud.

Una búsqueda persigue un estado de equilibrio que se asocia a la zona de confort; es decir, que tiende a la inmovilidad. La otra búsqueda es dinámica, porque rompe la zona de confort considerándola un estancamiento y se arroja hacia los aspectos esenciales —llamados del ser, espíritu o Dios— para fusionarse con ellos.

Nuevos problemas existenciales

¡Uf! ¡Qué lío se armó en mi cabeza! ¡Fue impresionante! Me encontré perdida. No tenía mi media naranja imaginaria y por esa exploración había sufrido tantas transformaciones que tampoco me sentía identificada con mi media naranja real; es decir, dudaba de lo que pensaba, de lo que sentía, de lo que era mi media naranja real. Me miraba y no lograba reconocerme. ¡Sí!, ahora lo estaba comprendiendo: esta media naranja real tampoco era yo, en la búsqueda de mi otra mitad imaginaria, había olvidado mi propia esencia, adquiriendo hábitos nocivos. Me miré una vez más y no hubo manera de reconocerme, las experiencias de mi pasado habían dejado huellas indelebles en mi piel ya gastada y con grandes cicatrices, me miré y en parte me reconocí con cierta humildad y resignación. Suspiré y decidí aceptarme en esta nueva condición, a pesar de que había perdido parte de mi mundo interior miraba mi imagen en un espejo y con los años veía un nuevo problema; mi piel de naranja.

Mi piel era una memoria viva de todas las experiencias que habían marcado mi destino. Este hecho fue horroroso, volver a mirarme y reconocerme con cierta objetividad me hizo sufrir, resignada acepté que mi vida había cambiado radicalmente, ahora tenía un sentido muy diferente.

Cuando llegué al punto de inflexión mis prioridades y aspiraciones empezaron a cambiar. Ahora tenía que centrarme, recuperar lo que estaba perdiendo por segunda vez. Primero sentí que la media naranja imaginaria se esfumaba. Segundo me daba cuenta de que en la medida que perdía esa media naranja imaginaria estaba perdiendo la media naranja real. De la media naranja real quedaba muy poco, con todas las experiencias se había partido muchas veces, estaba llena de cicatrices, me estaba cuestionándome a mí misma, aunque conservaba la memoria, con cierta nostalgia, de la media naranja que había sido y que ahora ya no era.

Reflexión sobre la catástrofe y el caos

Las últimas teorías del Caos comentan que junto con la catástrofe adviene un nuevo orden. La explosión se produce por la acumulación de presión. De acuerdo con este fenómeno no existen las respuestas desproporcionadas, todo está en proporción a la acumulación de presión que se acrecienta en el tiempo. De tal manera que la catástrofe se produce cuando se rompe la resistencia, que es un obstáculo para que la vida continúe su evolución. De esta forma la explosión es un signo de liberación, de romper la barrera que contiene la vida, de liberar al alma de su jaula para que pueda volver a encontrar la tan ansiada libertad. Este fenómeno se produce porque el contenido interior que impulsa la vida está siendo limitado por unos obstáculos —esquemas o moldes— que tienden a estancar el proceso de la vida.

Este mismo fenómeno es aplicable en las relaciones afectivas. Muchas veces cuando se analiza el origen de un conflicto entre los amantes se piensa que ha sido por una reverenda tontería, por algo que carece de importancia, pero esto no es verdad.

El hecho podrá ser catalogado como algo sin importancia, como una tontería, pero no es causante del conflicto. El conflicto ya estaba, se fue formando previamente con una suma de hechos y condiciones que acumularon elevando el nivel de tensión entre las partes. El hecho en sí pasa a ser un detonante, una mera excusa para provocar la explosión, la situación es una liberación de energía que se mantiene con elevados niveles de tensiones.

Si imaginamos un globo que se infla a niveles límites, a punto de reventar, evidentemente que si le pinchamos con un alfiler o aguja se provocará una gran explosión proporcional a la acumulación del aire generando una liberación de este. De la misma manera si desinflamos el globo a un nivel que no se note la presión, el mismo pinchazo no tendrá el efecto anterior.

Comprender este hecho es importante para saber que las respuestas no son desproporcionadas, sino que guardan relación con el nivel de presión que está viviendo ese ser y lo único que hace es liberar su nivel de tensión. Esto nos enseña que no es sano llevar la acumulación de tensión al límite de la explosión, podemos y debemos liberar de cuando en cuando las energías acumuladas innecesariamente y que provocan una vida tensa en conflicto constante.

La ilusión y lo que lleva a error es comparar el tamaño del globo con la punta de la aguja, naturalmente que en el acercamiento vemos unos tamaños desproporcionados e infinitamente dispares, pero el encuentro entre los dos objetos no es una cuestión cuantitativa sino cualitativa, es decir que las formas no siempre responden ni coincide con lo que se está moviendo en el fondo.

Tres mitades

Una nueva realidad se asomó en mi vida, algo así como otra media naranja, pero esta imagen no venía desde el exterior, era una figura que emergía desde mi mundo interior. Esta realidad que estaba dentro de mí rápidamente empezó a hacerse notar en cada una de mis vivencias.

Ahora sentía que mi vida estaba marcada por tres mitades y no es precisamente que tuviera un trío amoroso, de ninguna manera. Simplemente que cada vez más, dudaba de la mitad que yo quería encontrar, es decir de mi media naranja imaginaria. Pero también estaba dudando de la mitad que yo creía ser. Este dudar de ambas nacía de un algo que cuestionaba a las dos. Este algo cobraba una mayor presencia. Era como una duda más profunda y este fenómeno se me aparecía igualmente como una nueva media naranja. Algunos le llaman el eureka o una nueva toma de consciencia, aunque bien podría ser la aparición de la nueva consciencia o una especie de revelación.

Mi consciencia se movía en tres mitades, pero por principio de unidad sentía que lo lógico serían que fueran tres tercios, ¡pero da igual! No estaba por la labor de desentrañar el misterio de las proporciones si ni siquiera tenía claro cuál de las tres partes tenía mayor protagonismo en mi vida estas tres mitades tenían una identidad propia y eran perfectamente reconocibles.

La media naranja imaginaria. La que soñé encontrar, la que buscaba siguiendo un modelo interior, pero lo reflejaba y lo buscaba fuera de mí. Lo vi reflejada de muchas formas diferentes. Por momentos era como un ideal de vida, esta mitad representaba el futuro que algún día podría alcanzar, una realización plena, la obtención de todos los anhelos incluyendo el desarrollo de mis capacidades y de todo mi potencial. Esta proyección del futuro fue cambiando en la medida que viví diversas experiencias. Lo vi representado en mi media naranja perfecta, en un mundo de bienestar, en el logro de un objetivo social, incluso llegue a pensar que sería como una especie de espíritu inmortal, al cual podría tener acceso y con ello lograr una existencia elevada llena de virtudes y cualidades que gracias a ese desarrollo terminaría en un paraíso, un estado celestial que contenía todos los naranjales perfectos, en unos terrenos y climas maravillosos. Imaginaba que una vez que llegábamos allí, permaneceríamos en ese lugar de ensueño, permanente, sin alteración, por los siglos de los siglos.

La media naranja real. Esa media naranja alterada y modificada por las diversas experiencias. Representa el pasado, el resultado de la suma de todas las experiencias acumuladas, es la media naranja sufrida, dolorida, llena de malos y buenos recuerdos contenidos, esa media naranja que sintió el reproche y el desprecio. Había sido rechazada, abandonada, traumada, condicionada y cargaba una mochila de densos recuerdos que me provocaban miedo, angustia y una rabia contenida. Esta media naranja era una realidad inaceptable para mí. Producía incomodidad por la suma de todas las experiencias que hasta el momento había vivido y no me gustaban. Una media naranja que sentía el peso de su propio fracaso al no lograr el objetivo, que algún día, me propuse encontrar. La media naranja que buscó en un medio hostil lo que no pudo encontrar dentro de sí.

La media naranja que soy. Había nacido dentro de mí una observadora de la realidad, una parte que no era ni una ni la otra mitad, pero que sin embargo percibía con claridad las presiones que generaban ambas medias naranjas, las que permanecían en mi interior reclamando su propia presencia, su propio espacio. Es decir, una mirando siempre su pasado y lamentándose por lo ya vivido, la otra mirando hacia adelante, imaginando cómo sería su futuro.

Esta nueva mitad en su momento se movió de un lado para otro, soñó con aquella parte que imaginaba un futuro feliz con su media naranja, despertó con las pesadillas donde los fantasmas del pasado la acorralaban y le hacían revivir situaciones que creía eran del pasado y que muchas veces pensó que eran realidades superadas. Pero esta media naranja, no es que no tuviera aspiraciones, simplemente comenzó a frenar los impulsos ciegos de la media naranja real para no generar falsas expectativas, a su vez, era capaz de reconocer que los peores momentos de angustias y decepciones eran cosas pasajeras y que no duraban para toda la vida. Por otra parte, era capaz de no exigir a los demás cumplir las expectativas puestas en ellos por considerar que lo único modificable es el comportamiento propio y no los hábitos ajenos.

La metamorfosis

Las medias naranjas, mientras pasamos por esta metamorfosis somos un mar de contradicciones e inseguridades, pues cuando aparecen nuevos elementos arquetípicos que le dan un sentido diferente a la vida nos asoma la incertidumbre de lo desconocido y la idea se desarrolla en un trabajo lento y perdurable. Pero allí estaba yo, en este trio sin saber quién diablos era, pero estaba dispuesta a luchar por mí, aunque media y un tanto destrozada, pero más que nunca quería llegar a ser yo misma.

Había perdido totalmente la ilusión. Comencé a abrirme a esta sensación extraña que aparecía en mí como esa media naranja nueva a la que bauticé como la Media Naranja que Soy. Algo de esta media naranja me tranquilizaba, aunque reconozco que desconociéndola no tenía claro de dónde venía ni quién era y muchas veces me sentí muy confundida. No supe si era ella o era yo la que vivía este nuevo proceso experimental, esta nueva transformación en mi largo peregrinaje ¡perdón!... quise decir en mi rodaje por el mundo.

Esta Media Naranja que Soy tenía un comportamiento nuevo. Mantenía distancia tanto de una como de la otra mitad, desarrollaba siempre un punto medio donde no estaba ni muy allí ni muy allá, no es que fuera ambigua ni que no quisiera mojarse, sino que esta media naranja ya lo había hecho muchas veces, irse con una o con la otra mitad, que ya conocía cuál era el resultado de irse con una de las dos partes.

Esta nueva media naranja, digo nueva porque de pronto percibía que era más vieja que las otras dos, era más discreta, con un cierto hálito de grandeza que no era orgullo ni soberbia, era capaz de transformar los miedos en prudencia, las incertidumbres en esperanzas, las angustias en reflexiones, las rabias en firmeza, los odios en amanecer; las frustraciones en conocimiento, la necesidad en un anhelo, la vergüenza en integridad, la desesperación en oportunidades, la injusticia en entereza, la pérdida en libertad, la maldad en evidencia, el sufrimiento en cordura y la ignorancia en comprensión. Poco a poco empezó a tener un mayor protagonismo en mi vida. Yo empecé a confiar en ella y la dejaba actuar en mí, a pesar de que seguían apareciendo todos los hábitos nocivos que me hacían sufrir, surgía esta realidad para asesorarme y resolver todas mis complicaciones, fácilmente.

Empecé a relajarme cada vez más y a tenerla presente en mí. Sentía que me estaba sanando y que comenzaba a vivir una etapa fascinante de mi vida y lo más increíble de todo es que mientras yo menos hacía, más las cosas se resolvían, mágicamente por su simple presencia. No lo podía creer, pero estaba pasando. Sí, pasaba y seguía pasando un fenómeno, aparecía en mi ese algo que por más que me empeñaba en poseer y controlar, escapaba por completo a mi comprensión.

La media naranja que soy comenzó a relacionarse y a establecer una nueva comunicación interna entre mis partes, sin ánimo de cambiar ni querer modificar la realidad todo cambiaba, del simple hecho de permanecer observando a cada una de las partes que tenían la libertad de manifestarse por sí misma, esas partes se autorregulaban y se relajaban.

El verdadero cambio

Muchas veces buscamos cambios en nuestras vidas, pero estos cambios siempre surgen desde un campo de batalla en que una de las partes está en conflicto con otra parte que no quiere dejar de ser lo que es. Desde esta perspectiva es imposible cambiar, pues cada una de las partes se radicalizan como identidad dentro de cada ser generando un amplio y fuerte conflicto entre diferentes yos.

Lo único posible y realizable es dejar de lado lo que creemos ser y lo que queremos dejar de ser para ser de verdad lo que somos. Esto no es un juego de palabras es algo muy serio. Cuando tenemos un comportamiento habitual, ese hábito se transforma en un personaje que no quiere ni va a cambiar, a lo más se adaptará, dando la falsa imagen de cambio, para seguir actuando.

La única forma de ser más es descubrir los personajes que existen dentro de nosotros e integrarlos dentro de una totalidad para que no actúen solos y comenzar a actuar desde lo que realmente somos, realidad que no descarta ninguna de las partes existentes dentro del sí. Esta presencia no es cambio, es la unidad en acción, es ser desde lo único verdadero; quitándonos las máscaras de lo que oculta nuestra verdadera naturaleza, dejando de lado el error en que nos hemos convertido.

Cuando se multiplican las partes o las medias naranjas que actúan como diferentes yos provocan un gran desconcierto interior. La aparición de la Media Naranja que Soy me hizo reconocer que para alcanzar un estado pleno de unidad necesitaba ayuda. Así, comencé una nueva etapa de mi vida.

Visité los sabios más reconocidos por la sociedad, no escatimé ningún esfuerzo en invertir para revertir mi situación, pues sentía la necesidad de comprender esta nueva aparición y a su vez quería recuperar mi media naranja real, la que percibía estaba tan débil y desdibujada por la suma de experiencias que la habían trastocado.

QUINTA PARTE

Mi segunda búsqueda

El camino interior como respuesta

Mi vida se había volcado hacia fuera, mi búsqueda se había centrado en encontrar una media naranja que me amara, comprendiera y me completara. Ese ideal de vida se hizo trizas, muchos sueños y aspiraciones se rompieron con esta gran desilusión, sin embargo y a pesar de mi desolación, mantenía fiel mi espíritu de buscadora.

Un día llegó a mis oídos unas palabras que traspasaron el caparazón de mi incredulidad: «La felicidad consiste en dar y no en esperar algo a cambio.» Y una vez más mi alma sonrió a la esperanza y al destino, palabras que fueron como un sedante en mis profundas heridas y sufrimientos. Una vez más me sentí reforzada en mis sueños y aspiraciones, me di cuenta de que la historia de la media naranja había quedado sepultada en mi inconsciente y ahora me puse de pie, como una media naranja resuelta a vivir una vida plena de entrega de esfuerzos y sacrificios por las demás mitades; un sentimiento filonaranjil surgió en mí y totalmente resuelta comencé a comprender un conocimiento que hacía mío como una herencia de algo que reflejaba la mejor faceta de mí misma. Estaban claro los argumentos. Si amas, te amarán; si comprendes, te comprenderán; si das, te darán, cada uno recibe lo que se merece y por tanto todo lo que cosechamos es producto de nuestra siembra. Un gran poeta mencionaba: «Eres el arquitecto de tu propio destino.» Un sinfín de teorías pregonan que somos los amos y responsables de nuestros estados anímicos.

Todo encajaba a la perfección, comprendí perfectamente esa ley oriental que habla del karma y me volví a ilusionar, mi ánimo volvió a subir y me sentí una vez más muy importante.

Es cierto que mi edad ya no era la de una adolescente y que los años no habían pasado en vano, pero sentía una nueva energía y fuerza. Mi canción preferida en esa época era de una cantante llamada Violeta Parra y que tenía hermosos versos con los cuales me sentí identificada cuando dice: «Volver a los diecisiete después de vivir un siglo» así me sentía yo. Por una parte, madura, muy madura y por otra con la vitalidad de una adolescente.

El disfraz de la frustración

Una de las cuestiones más frecuentes en el camino de la plenitud es encontrarse con este paradigma de dar amor en vez de pedirlo o mendigarlo. Esta nueva postura es extremadamente seductora por sus contenidos, sus expresiones y buenos ejemplos. Sin embargo, esta teoría es hija de la frustración y no de la luz, es hija del trauma y una capacidad reactiva ante el sufrimiento y la insatisfacción al no encontrar una respuesta amorosa en el medio. Sé que esto puede desconcertar a quien busca, pero es una realidad difícil de desenmascarar por la tendencia mayoritaria de considerar este hecho como una verdad romántica y seductora.

Analicemos los dos aspectos: cuando hablamos de recibir amor, buscar alguien o algo que nos ame, en estricto rigor no estamos desarrollando la capacidad natural de amar. Cuando se busca la satisfacción de ser amado, es una necesidad que nace desde el impulso posesivo de encontrar afuera lo que no logro ver por dentro, se está coartando la facultad propia de amar. El que busca ser amado es el ego, el que se regocija en la satisfacción, en la presunción, en el poder seductor, en la inseguridad o en cualquier aspecto oculto del inconsciente que surgirá como problemas de autoestima, abandono, sensación de incapacidad o cualquier otro.

Cuando se plantea la idea de dar amor se hace en referencia a la incapacidad de recibirlo y por tanto inconscientemente es una aproximación al sentirse querido por medio de un trueque o de un intercambio. No me aman, pero si amo tendré como resultado que me amen. Doy para que me den. Lo cierto es que esto funciona parcialmente, pero tiene su base en la ignorancia y la limitación posterior del desarrollo de un amor pleno.

Los grandes misterios se resuelven por medio de la comprensión y el amor no es una excepción. En el momento que comprendemos que las capacidades se desarrollan o se hacen evidente por medio de su praxis, encontramos un camino de desarrollo que resulta fascinante. Para sentir amor hay que amar; para comprender, hay que ejercitar la comprensión; para tener la capacidad de decidir, hay que decidir; para ser un especialista en la discriminación, hay que discriminar. Eso es todo.

Cuando los seres tienen la sensación de recibir mucho amor se están saciando en el autoengaño pues en realidad no lo están recibiendo, lo que sucede es que reconocen la facultad de amar y por medio de las neuronas empáticas están despertando su propia capacidad de amar. Tales capacidades se sienten atraídas o motivadas por el estímulo que reciben, de la misma manera funciona con todo. El idiota que responde a los insultos de otro idiota igualmente lo hará por esa resonancia que provocan las neuronas empáticas de responder a lo mismo, queda claro que no le están dando idiotez, lo que sucede es que despierta su propia idiotez por medio de las facultades que tienen esas neuronas empáticas.

Haciendo esta aclaración, también es importante señalar que para llegar a la concepción plena del amor la consciencia pasa por ese estado intermedio que mencionamos como la generosidad de dar amor. Dicho de otro modo; quien permanece en la postura de recibir y buscar amor está mucho más lejos de quien ya empieza a dar amor. Podríamos decir que la primera postura es ciega y oscura, la segunda está en penumbras y activamente transita hacia la luz.

Cuando una vela encendida enciende a otra vela, no le está dando su luz, simplemente estimula para que la otra vela exprese su propia luz. Así con todo, nos estimulamos y estimulamos en función de lo que queremos estimular.

La aceptación

Mi lenguaje y mis conceptos de vida se ampliaron, cada vez más aceptaba con naturalidad que era un ser de luz, que merecía ser plenamente feliz, que la perfección estaba dentro de mí, que era un ser incomparable y único, que todo el sufrimiento vivido era como un acicate necesario para este nuevo despertar, que tenía el derecho a ser feliz y que debía concederme ciertas licencias que hasta ahora no había aceptado en mi vida. En definitiva, mi relación conmigo cambiaba y era más amable y cariñosa,

La clave de todo era la aceptación y decidí aceptar… aceptar que arrastraba un profundo dolor; aceptar que podía ser feliz; aceptar que tenía que sanar para mejorar mi relación con las demás, así dejaría de exprimir a las demás naranjas y pondría un límite para que no ser exprimida. Aunque arrastraba una herida abierta, tenía que dejar que cicatrizase y así poder convivir con el recuerdo traumático que se produjo en el momento que la cuchilla me partió por la mitad.

Sí, me sentía enferma pero ahora lo aceptaba, ya no luchaba contra mi dolor, sino que empecé a deambular tras todo aquello que me podía sanar. Incorporé en mi lenguaje una palabra que para mí fue clave: *lo terapéutico,* así comenzó mí camino que creí un camino de sanación. Reconozco que muchas veces me repetía a mí misma que era perfecta, pero en mi fuero interno tenía la certeza que estaba partida por la mitad y que no me parecía en nada a esa forma esférica tan maravillosa y perfecta que tienen las naranjas enteras. A pesar de todo asumí el lema de amar incondicionalmente y a eso me dediqué. Porque amar era terapéutico.

Amé a la naranjada como ideal de vida.

Amé la esencia e inteligencia superior.

Amé incondicionalmente a todas las medias naranjas.

Amé mi búsqueda de una media naranja.

Amé igualmente mis grandes decepciones.

Amé la manera de expresarme, de relacionarme, de comunicarme.

Fui amada y amante.

Descubrí que en el acto deliberado de amar todas mis acciones y formas se enriquecieron, cada vez que tenía un éxito, los disfrutaba compartiendo con los demás, al sentirme halagada por algún hecho lo tomaba con naturalidad y humildad, al evaluar a las demás dejé de juzgar y criticar. Asumí mis propias adversidades sin quejas, los desafíos inciertos de la vida los asumí con esperanzas y sin tanta incertidumbre, los miedos se aplacaban y sentía una sensación de mayor contundencia en mis sentimientos y en la relación con el medio que me rodeaba.

Lo saludable y lo terapéutico

Cuando se busca un camino de carácter superior, se hace porque los caminos llamados inferiores generan una sensación de insatisfacción y marcan negativamente la memoria y la consciencia. El sufrimiento se transforma en una característica de la vida. Escapando de las angustias y las decepciones se comienza a vislumbrar una senda que transmite una sabiduría de carácter más trascendente, conocimiento aplicable a lo cotidiano, pero con una visión más profunda de todas las cosas, una mirada que no debe perder de vista que el desarrollo es paulatino y no se cambia de la noche a la mañana ya que resulta inalcanzable pasar abruptamente de la ignorancia a la sabiduría.

Cuando comencé a caminar, corrí tras todo aquello que me pareció terapéutico, me sentía enferma, dolida, carente y sin las suficientes fuerzas; sensaciones que arrastraba por todos los traspiés que sufrí en mi larga existencia buscando a mi media naranja.

Aún desconocía el camino de desarrollo y aceptación, en realidad no se trataba de aceptación sino de resignación y lo que busqué fue aliviar el dolor que arrastraba. Pese a todo, sintiéndome enferma como estaba, no podía mirar los grandes misterios de mi ser interior, pero podía expresarme a través de aquella parte que aún se conservaba sana exteriorizando lo saludable.

Concluí que amar no es terapéutico, es saludable porque por medio del ejercicio de amar desarrollamos ese amor que existe dentro de todo ser; la comprensión no es terapéutica, es saludable porque por medio de la comprensión se despierta el acto de discriminar o discernir; tomar decisiones no es terapéutico, es saludable porque por medio de las decisiones activamos nuestra voluntad profunda de ser; sonreír no es terapéutico, es saludable porque por medio de la alegría activamos mejor nuestro organismo. Eso es lo saludable, expresarnos desde nuestro sentido de bien y no buscar ni poseer un bien ajeno para llenarnos.

Los maestros no aman porque sea terapéutico,
lo hacen porque expresan su naturaleza esencial
que en una de sus condiciones es amor.

Esa misma naturaleza está dentro de cada uno y solo se puede evidenciarse cuando nos ejercitamos desde ese fondo esencial. Esta diferencia es muy trascendente porque cuando comenzamos a vivir desde nuestra parte sana estamos valorando verdaderamente los dones que la naturaleza puso en nuestras manos, en cambio si la motivación es la enfermedad, deambularemos por el mundo detrás de un beneficio transitorio que apacigüe nuestro dolor.

La salud es un estado de un ser u organismo vivo que no tiene lesión ni padece ninguna enfermedad y por tanto ejerce con total normalidad sus funciones, los entendidos la definen «como un estado de completo bienestar físico, mental y social»[1]. Siendo la salud un bien, el estado partido es un mal y por tanto una enfermedad porque a partir del hecho de ser partida ya no puedo expresarme saludablemente, porque no me gusta la nueva forma y porque presenta evidentes molestias. Sin embargo, en esta observación existe una mirada restringida que excluye la capacidad de descubrir la verdadera magnitud del concepto de salud, que como fuente natural inspira, facilita y provoca todos

1 La Organización Mundial de la Salud (OMS), define la salud de esa manera.

los estados de plenitud que de una manera original emergen en las diversas actividades y planos de consciencia de todo ser.

Los sistemas orgánicos actúan con cierta normalidad; así lo hace el sistema respiratorio, digestivo, cardiovascular, circulatorio, nervioso, muscular u otro cualquiera. Toda actividad funcional lo hace conectado a la salud, fiel a los principios rectores que responden a un sistema inteligente que otorga su razón de ser a cada uno de ellos.

Naturalmente que dentro de los sistemas de los seres vivos no solo se encuentran aquellos reconocidos como biológicos y que son estudiados dentro de un análisis mecanicista; además se encuentran los complicados sistemas de energías movilizadas por los pensamientos, emociones e impulsos internos. Desde la salud integral tanto los pensamientos como los sentimientos son partes de las expresiones que proporcionan una riqueza necesaria e imprescindible para alcanzar un estado de plenitud, estado que solo podrá lograrse por medio de la experiencia o de la realización; en esa dirección sentí que debía caminar.

Comprendí que resulta imposible amar si no se privilegia el amor, pues es por medio de la experiencia que se activa la fuente sostenedora del amor, generando una sensación de mayor capacidad de amar hasta llegar a su expresión total; lo mismo puede decirse de la comprensión pues es por medio del ejercicio constante de comprender que se llega a una amplia capacidad de comprensión y que conecta con la fuente misma de sabiduría que contiene esa capacidad. Así con todo; hay que intuir que la iluminación es un fin, pero también hay que saber que es a través de la vivencia constante de pequeños estados iluminados —que se priorizan en la medida de lo posible— que se llega a un estado pleno de iluminación. La liberación como fin inspira todos los estados que nos permiten liberarnos.

Comprendí un hecho relevante pues me di cuenta que aceptar la idea de la salud como ausencia de enfermedad, era buscar un bien mezquino que cierra la mente y el sentimiento al descubrimiento de una dimensión mayor, donde anida lo que es, la verdadera riqueza, la plenitud de ser.

Estaba viva y percibía que el milagro de la vida es lo saludable, es la mutación constante de la vida en movimiento. Comprendí que era saludable nacer, crecer, envejecer y de la misma manera resultaba saludable morir. ¿Imaginad que nadie muriera?, ¡lo atestado de naranjas que estaría el planeta! Tan saludable es nacer como morir, por tanto la salud no está enfocada solo a la idea de perpetuar la especie sino en vivir con las mayores facultades la presente existencia. En eso consiste la evolución de la especie, la autopoiesis o autogestación de los seres vivos que como organismos organizados desarrollan de la mejor manera sus capacidades ante un medio que constituye su medio, o ante los estímulos que se encuentra en ellos.

Vi con claridad siete principios básicos que me darían un nuevo orden en mi vida.

Siete principios básicos

1. La salud es un principio benéfico que se vive de manera parcial de la cual nos podemos beneficiar por medio de lo saludable.

2. Es cierto que quien mejor valora la salud es quien la pierde; pero de la misma manera quien mejor la valora es quien reconoce su parte sana. De esta manera estaba dispuesta a desarrollar toda clase de mimo a esa parte de salud que me quedaba.

3. Descubrí que ir tras la salud es propio de quien se siente enfermo, en cambio los hábitos saludables surgen desde el principio de salud que cada uno posee. Este principio me permitió comprender las enseñanzas de algunos

maestros que sugieren desarrollar una buena filosofía de vida.

4. Deduje que aceptar a la enfermedad como ausencia de salud, implicaba aceptar la salud como una ausencia de enfermedad. Esto último lo considero demasiado pobre. Científicamente se acepta que no existe el frio; solo existe calor o energía y se le llama frio a la ausencia de calor. De igual manera no existen las sombras lo que verdaderamente existe es la luz y llamamos sombra a la ausencia de luz. Siguiendo el mismo razonamiento no existe el no ser, lo único real es el ser y llamamos no ser a la ausencia del ser. Con la salud sucede lo mismo, no existe la enfermedad, solo existe la salud y llamamos enfermedad a la ausencia de salud.

5. La salud es la fuente de lo saludable. Muchas veces lo saludable se desdibujó por un apego desmedido. De la misma manera salud no es inmortalidad y lo saludable muchas veces no gusta.

6. Comprendí que todas las actividades terapéuticas son saludables porque se realizan desde la parte sana del individuo y no porque nos sintamos mal o enfermos. Recuerdo que el chamán abraza un árbol porque siente la conexión con la naturaleza y el alma del árbol que se nutre desde sus raíces, no lo hace porque sea terapéutico. El saludo al sol no lo realiza el sacerdote porque sea terapéutico, lo hace porque reconoce el centro de nuestro sistema en ese espíritu que representa al gran espíritu o Dios y deja que todos sus centros o chakras se alineen con él. El comer con conciencia se realiza no porque sea terapéutico, se hace porque en la acción de nutrirse la presencia plena del ser realiza el acto de reconocimiento del fruto de la tierra que es su espejo. Respirar es una

necesidad básica y se respira observando la respiración porque el estado de serenidad que se obtiene es destacable. Así recordé tantas cosas que hoy reciben el nombre de terapias y que son un ejercicio natural.

7. Las llamadas artes terapéuticas ya no se ejercitan para curarse sino para expandir la consciencia hacia un sentido más pleno e integral.

A partir de estos principios me estaba centrando en lo verdadero, en lo realmente verdadero y no en aquello que no existe. Miré mi enfermedad y la reconocí como una ausencia de salud. Pero tenía y reconocía una parte sana, conectada a la vida y reconociéndola optimizaba ese porcentaje de energía real, verdadera que me permitiría disfrutar lo que tengo.

Me di cuenta que se trataba de un verdadero cambio de chip. ¿En qué consistía el cambio?

No solo quería salud, sino que, valoraba mejor la salud que tenía y estaba dispuesta a cuidarla, mimarla, darle un espacio en mi conciencia. Esta nueva valoración de mí misma me ayudó a retornar al equilibrio natural. Cuando un ser enferma todo su sistema inmunológico empieza a funcionar para desarrollar las defensas necesarias y fortalecer su sistema inmune. ¿Cómo podemos decir que está mal? si detrás de ese mal se está activando un bien. En este caso la enfermedad es saludable.

Mi memoria orientadora

Mi pasado y la suma de experiencias me habían curtido sobre diferentes aspectos de la vida, heredaba una cierta madurez para abordar situaciones y proyectos futuros, aunque bien sabía que por mi edad ese futuro era bastante escaso.

Ya no era una inocente que se ilusionaba con cualquier cosa ni con cualquier situación, pero brotaba en mí una inocencia del alma. No había desaparecido el miedo, pero una cierta prudencia me orientaba en cada uno de los pasos que tenía que dar, miraba hacia atrás y el recuerdo me llevaba al momento en que había sido partida por la mitad, al momento de descubrir el sistema manipulador y explotador. Me quedaba muy claro, ese sistema altera la manera natural de pensar, sentir y comportarse, ese mismo sistema en su primera fase se introduce en el interior de sus integrantes, en una segunda fase una vez domesticados y sometidos sus ciudadanos, logra que actúen, sientan y piensen como el mismo sistema lo hace.

La influencia social condiciona de una manera radical la mirada de sus integrantes, son los modelos sociales los que influyen fuertemente las aspiraciones de sus miembros, muchos de ellos actúan por medio de modas que atrapan temporalmente la atención de todos los componentes que no son capaces de detenerse a pensar si lo que siguen responde a sus reales inquietudes. Así los modelos impuestos arbitrariamente arrastran a la mayoría, luego hablan en sus estudios sociales de las tendencias masivas.

Descubrí que, en las tendencias masivas el instinto gregario juega un rol protagónico porque transmite la idea de que quienes van a la moda están en la vanguardia de la realización del modelo exigente. Modelo que es admirado, elevado y consagrado a lo que se denomina un estado de éxito. Me daba cuenta de que este estado nada tiene que ver con la realización o plenitud total. Observé que la mayoría de quienes llegaban a estos modelos, sufrían fuertes crisis de ansiedades, depresiones y desequilibrios demenciales que ni ellos mismos lograban soportar con templanza.

Reflexiones sobre el ser y el hacer

Existe una clara diferencia entre el ser de una naranja y su comportamiento, es decir la esencia es su ser, pero el comportamiento es algo aprendido y por tanto refleja la influencia de los modelos sociales y de las múltiples creencias que, una vez que son aceptadas, se expresan y se manifiestan en todas las relaciones.

Los seres tenemos enemigos comunes, estos enemigos son formas de pensamientos, condicionamientos mentales contra los cuales debemos estar alerta, esta vigilancia se adormece cuando erramos la atención hacia la cuestión importante, quedándonos en los aspectos periféricos del problema. La idiotez es un enemigo común del cual debemos mantenernos atento, pero cuando aparece un idiota frente a nosotros, algo se mueve por dentro. Cuando me centro en el idiota como si fuera el idiota el problema; en esos momentos me estoy alejando de mi verdadera comprensión. Ese idiota es una víctima más del idiotismo y por tanto el hecho de tomarlo como algo personal despierta mi propia idiotez, así ambos caemos como víctimas de esa mal común llamado idiotez. Este ejemplo es válido para todo tipo de vicios y males que campean sobre el mundo.

Tratamos como fuimos tratados

En este despiadado sistema la crueldad y el maltrato es generalizado y eso afecta a cada una de esas mitades que se han visto sometidas a ciertos comportamientos que más tarde hacen suyos. La necesidad de participar en una sociedad, muchas veces, produce un adormecimiento, un estado de somnolencia que hace perder de vista las cosas esenciales y los derechos fundamentales que tiene cada ser.

Descubrí que muchas medias naranjas fueron exprimidas; a partir de esa experiencia se creyeron exprimidores e iban tras otras medias naranjas solo para exprimirlas y quitarles su fuente de poder, así tenían la sensación de que se estaban nutriendo a sí mismas.

En mis experiencias amorosas me encontré con mitades que quisieron nutrirse de mí exprimiéndome, es decir trataron de absorber toda mi energía y vitalidad, eran una especie de vampiros energéticos que se nutrían de la energía y esfuerzos de los demás. Este comportamiento me provocó grandes sufrimientos y resentimientos. Al principio estas acciones me desconcertaban y yo no contaba con las herramientas necesarias para relacionarme adecuadamente y saber poner un límite a este tipo de aprovechamiento. Esta incapacidad me despertaba muchas reticencias las que me llevaban a tener muchas reacciones en actos y sentimientos de protesta, rebeldía y conflictos sociales.

Quienes habían sido licuados por las licuadoras, igualmente procuraban licuar a quienes estaban cerca de ellos. Quienes asumían este comportamiento lo hacían de la misma forma en que actuaban las licuadoras, imitando este temerario instrumento como fuente de poder y fuerza tratan de someter a sus pares por medio de esta complicada acción que se ejecuta sin escrúpulos. Con su acción estas medias naranjas trataron de cambiar mi naturaleza; yo que permanecía en un estado sólido me vi amenazada con fuertes tendencias a caer o cambiar a un estado líquido o acuoso, fueron momentos difíciles porque en estas relaciones tuve la sensación de perder la solidez de mis planteamientos para caer en una situación indiferenciada o acuosa.

También estaban las medias naranjas que utilizaban la fuerza centrífuga, un movimiento que surge desde el interior y que actúa teniendo como referencia su propio yo. Estas naranjas eran autorreferentes, desde su yo como visión central desprecian, alejan, expulsan, minimizan y rechazan todo lo que está a su alrededor manteniéndose, o al menos así lo creen, separados y excluidos de todo lo que se aproxima a su centro de poder. Cada vez que se sienten amenazadas, arremeten y rechazan sin discriminar si lo que expulsan es bueno o malo. En cierta forma es una acción terrorífica, más aún cuando las consecuencias de dichas acciones provocan huellas indelebles en quienes la sufren. Las secuelas de este tipo de comportamiento no es dimensionable, simplemente podemos reconocer las huellas, los traumas que generan en los demás. Es imposible explicar o encontrar un sentido a este modo tan egoísta que tienen las medias naranjas que actúan de esta forma. De vivir maltratos se han transformado en maltratadores que maltratan física, psíquica y emocionalmente a todos quienes están en sus esferas.

La fuerza centrípeta es otra expresión del yo que se manifiesta como centro del universo. Una cierta visión ptolomeísta de que todo lo que nos rodea existe para el desarrollo y beneficio del yo, tiene la particularidad de hacer que todo lo que está a su alrededor termine por quedar atrapado en el eje de ese yo. Esta visión se manifiesta a través del control y de la posesión, esa tendencia de sentirse dueño de todo lo que me rodea y de pensar que todo lo que está a mi alrededor existe para beneficiarme o servirme.

Ambas fuerzas, la centrífuga y la centrípeta, aunque tengan movimientos diferentes, son expresiones de un mismo ego. Uno que expulsa y desprecia, otro que atrapa, manipula y controla.

Estas formas de comportamientos son hijas del ego, del egoísmo, de vivir autocentrado, de no tener la facultad de escuchar ni ver, de no desarrollar la capacidad de percibir ni captar lo que sucede en su entorno más inmediato.

Todo lo que nace de estos comportamientos es por algún motivo, por obtener cierta utilidad. Para estas mitades resulta imposible hacer algo por ese algo en sí. De allí que encuentran legítimo sacarle el jugo a los demás.

De una u otra forma consiguen ser el florero del centro, el objeto central de las miradas y conversaciones, su trascendencia la deposita en dejar huellas, no pasar indiferente ante los demás, buscan en lo posible estar en la boca de todos, aunque poco les importa el motivo; piensan que todo lo que está a su alrededor existe para su propia realización, usufructo y utilidad. Así de simple, son incapaces de pensar en los demás o en desarrollar cierta empatía; al tener solo consciencia de sus propios deseos y limitaciones no pueden desarrollar una relación empática y actúan siguiendo sus propios impulsos que no controlan ni saben reconocer. Es la mentalidad de la explotación de todos los recursos para el logro de sus aspiraciones, el beneficiarse de manera egoísta, aunque ese beneficio genere un estado de molestia y resentimiento en todos los que están a su alrededor.

Reflexiones sobre las dos grandes fuerzas

Estas dos fuerzas actuando con ciertas proporciones adecuadas, generan una armonía y un equilibrio en toda la naturaleza. Una fuerza que atrae y otra que repele, ya los egipcios lo simbolizaban con esas dos herramientas que sostenían en sus manos los faraones. El cayado y el látigo uno que atraía y el otro que mantenía una distancia, lo mismo sucede con la Tierra que tiene una fuerza de gravedad que atrae y otra que tiende a expulsar por el movimiento rotatorio. Los grandes desequilibrios se producen cuando una de estas dos fuerzas se utiliza desproporcionadamente. La sobreprotección es atraer sin dar posibilidad de desarrollarse de forma adecuada, esa actitud castra las capacidades del protegido. En el otro extremo, repeler o rechazar es un tipo de abandono que solo despertará niveles de resentimientos alteradores del sano desarrollo.

Las facultades se desarrollan gracias a unas condiciones muy necesarias: para dar una buena respuesta tenemos que escuchar atentamente a la pregunta. Cuando damos una respuesta precipitada, lo que surge es una visión interpretativa que está en la cabeza del que responde y que normalmente no coincide con la realidad en sí misma la que es alterada porque está siendo interpretada; la generosidad, la bondad, son respuestas apropiadas ante ciertos estímulos, pero son apropiadas para un tipo especial de estímulo y no de otros, cuando tenemos la sensación de dar más de lo que corresponde es porque estamos actuando con desequilibrio el que produce doble daño, daño en mí y en la otra parte. La mejor respuesta siempre vendrá después de la mejor observación, atención, escucha, mirada y recepción.

Una sociedad enferma

Mientras reconocía estas diferentes clases de comportamientos, cada vez más, me quedaba claro que estas conductas no se ajustaban a mis aspiraciones más profundas. Yo estaba muy alejada de estos modelos, es más, en un principio me producían una cierta repugnancia hasta que comprendí que estas medias naranjas ocultaban su debilidad por medio de estas formas y que en el fondo eran otra clase de víctimas de esta maquiavélica sociedad.

Lo que yo creía que debía de ser un auténtico y natural comportamiento naranjil no se ajustaba a la realidad, es decir, en mi estaba la idea que nacía de una aspiración, de un comportamiento que brotaría de una sociedad más sana, más justa, más bella, más naranjil. Este modelo ideal de sociedad se ve al momento que realizamos una limpieza en nosotros, cuando nos sometemos a un proceso de descontaminación de todas estas formas de pensamientos y de manipulación que nos mantenían, quien más o quien menos, en un estado de enfermedad. Al salir de este desequilibrio volveríamos a encontrarnos con las bellezas propias de las naranjas enteras.

Estábamos en una sociedad enferma, con integrantes enfermos; habia que curar y curarse para salir de la enfermedad y eso significaba que teníamos que cambiar de hábitos y conductas; estaba dispuesta a hacerlo sin importar el esfuerzo y sacrificio que debía realizar.

La palabra terapia adquirió mucha fuerza en mí e inicié el camino terapéutico, recorrí y profundicé en muchas alternativas que me ofrecían unas terapias que apaciguaban mi dolor, vías que me propiciaban retornar al punto de equilibrio. En mi búsqueda interior comencé a desarrollar una enorme variedad de alternativas, considero que cada una de ellas me aportó lo suyo, incansablemente caminé en busca de algo que me llenara, solo que con el tiempo comprendí que de todo lo que buscaba, nada me podía llenar y fue entonces que descubrí un hecho de lo más relevante:

Nada en este mundo nos puede llenar pero
sí podemos llenar aquello que hacemos.

Este conocimiento fue un hecho revelador, todo lo que llegaba a mí me enseñaba lo suyo, pero la trascendencia brotaba desde mi interior, y aunque esta forma de despertar fue algo que se fraguó poco a poco en mi manera de mirar fue un proceso continuo. De todas las experiencias vividas en la búsqueda de lo terapéutico, solo contaré algunas de ellas que son las que más recuerdo.

Camino de retorno

Comencé a valorarme más a mí misma y quería llegar a ese punto en que recordaba cómo era una naranja entera, pero claro... seguía partida, y cuando un ser se percibe de una manera —entera— y por otro se siente partida, sufre por esa contradicción vital. Es impresionante la enorme sensación que produce las circunstancias y las secuelas que dejan. Muchas de ellas evidentes y otras tantas que subyacen ocultas y no son fáciles de observar ni de reconocerlas directamente. Una cosa tenía claro, me sentía enferma, disminuida y partida por tanto era evidente que la enfermedad me seguía por todas partes como mi propia sombra y de esa sensación no podía liberarme fácilmente. El camino alternativo de realizar terapias despertó cierta luminosidad en mi rostro, la esperanza una vez más sonreía, mi mirada transmitía un brillo que no podía disimular.

Más allá de la efectividad de las terapias alternativas comencé a disfrutar del camino. En las terapias de grupo noté que lo útil para una, por resonancia, le servía de inspiración a muchas que compartían experiencias, habilidades, inquietudes similares y un sin fin de sensaciones que eran comunes. Me encontré en estos sitios con medias naranjas que tenían anhelos y experiencias cotidiana comunes y esa cierta convivencia cómplice me daba un sentido mayor de compañía.

Alternativas terapéuticas

En primera persona

Como reza la frase del poeta «Caminante no hay camino, se hace el camino al andar», me dediqué en cuerpo y alma en sanarme, descubriendo en mí misma los posibles beneficios de cada técnica que aparentemente podía ayudarme en mi reconstrucción.

Abrazar un árbol

Fue una experiencia terapéutica que me hizo recordar mi origen, yo procedía de un árbol y pensé que esta técnica me permitiría reconectar con mi memoria primaria. Apoyé al tronco del árbol mi parte más sensible, me aferré a él y al apretarme sentí que me desangraba, volví a sentirme exprimida y mis lágrimas se derramaron por sobre la corteza, una a una se encaminaron hacia la tierra donde fueron absorbidas. Seguí atentamente las indicaciones de mis guías y conecté con mi fibra más íntima. Lloré, me vinculé con mi dolor. Simplemente lloré porque dolía, terminé convencida que mi llanto era liberador, terapéutico y catártico lo que propició que aceptara con un cierto sentido de satisfacción, mis lágrimas y mi llanto eran percibidos como algo importante: a pesar del sufrimiento, una parte de mi disfrutaba.

La escucha activa

En otra ocasión, me informaron que la escucha activa era muy terapéutica. Me dediqué a escuchar el dolor ajeno, presté atención a cuanta media naranja estuviera dispuesta a exponer sus angustias. Me transformé en una confidente para muchas medias naranjas que confiaron en mi escucha y silencio. Fue útil porque pude percibir que mi sufrimiento no era el único, que tenía muchas cosas en común con las demás medias naranjas que evolucionaban a mí alrededor.

Aprender a meditar

La práctica consistía en poner la mente en blanco. Para nosotras las naranjas nos hubiera resultado más fácil poner la mente en color naranja, pero sacrificando el impulso natural me esforcé en imaginarme la mente en blanco y fue un gran logro. Tuve muy buenos momentos durante estas prácticas y dediqué mucho tiempo a realizar los ejercicios. Doy testimonio que mientras mi mente se mantenía en blanco me acercaba a una sensación añorada y lograba unos momentos de bienestar; por algunos momentos volvía a sentir que mi cuerpo tenía la forma esférica que tanto anhelaba, una sensación que me producía un profundo placer. El tiempo que permanecía con mi mente en ese estado esférico sentía que de alguna manera estaba mejorando. Una vez retomaba la rutina, volvía a sentirme con esa forma partida que tanto sufrimiento me producía.

Respirar de manera consciente

Todos coincidían que respirar era algo muy terapéutico, cuestión que acepté con mucha naturalidad. El profesor dirigía las sesiones con una voz profunda, un tono sereno que me producía somnolencia. ¡Estaba relajada! Eso para mí era importante, como tenía un severo problema de tensión, sentir que me relajaba me ayudaba.

Centrarme en la respiración me permitía tomar consciencia de un par de cosas muy interesantes: cada vez que necesitaba inspirar, previamente tenía que exhalar. Este ciclo me recordaba la forma en que se manifiesta la vida, muchas veces para comprender aspectos nuevos de la vida tenemos que soltar esquemas viejos que ya no tienen utilidad.

Cada vez que quería empezar una nueva relación, previamente debía soltar aquella que ya no me aportaba nada. Al soltar lo viejo damos la oportunidad de que nuevos aspectos actúen en nosotros, el alma abandona los cuerpos viejos para tomar nuevos cuerpos y continuar su proceso de evolución y actualización de sus contenidos más profundos. También me permitía valorar la importancia que tienen los pequeños ciclos de vida, cada vez que insuflaba aire a mi cuerpo, mi cuerpo prolongaba su existencia en un microciclo de existencia. Esta reflexión me hizo valorar y disfrutar profundamente del aire que consumía todos los días, me sentí afortunada y agradecí a la vida por este maravilloso contenido.

Mindfulness el arte de estar presente

Hay muchas tradiciones espirituales que se acogen muy bien en occidente, luego lo rebautizan con un nombre inglés y con una buena estrategia o marketing se popularizan con mucha fuerza. Es el caso del mindfulness que es el arte de vivir conscientemente. Atención consciente o plena del pali sati. Por medio de esta práctica fui tomando consciencia de muchas facetas de mi vida en tiempo presente, es decir cuando me estaba sucediendo. Aprendí a responder de manera más consciente a cada aparición, ya fuera una emoción, un movimiento, un pensamiento, la manera de alimentarme o cualquier incidencia que apareciera en mi vida.

Comprendí la manera mecánica que tenemos de vivir sin estar presentes en nuestras vivencias. Existe una gran diferencia entre reaccionar, situación mecánica que surge de nuestros automatismos y responder que es la capacidad de expresarnos conscientemente ante los diversos estímulos que nos llegan desde diferentes planos o esferas de consciencia.

La risa sana

Reconozco que al principio esta frase me pareció sosa, absurda, muy irónica, de esas frases o palabras típicas que se dicen por decir, sin mucho sentido. Para mí la risa tenía una razón de ser y reír era una respuesta interior a un estímulo bien reconocido. Reír por reír me parecía disparatado. ¿Qué sentido tiene reír cuando uno lo está pasando mal?, cuando veía a todas mis compañeras, las medias naranjas riéndose a carcajadas, me parecía de mal gusto, llegué a pensar que se burlaban de mí y que al mismo tiempo cerraban los ojos al sufrimiento que cada una arrastraba.

Me había aislado del grupo, estaba rabiosa y miraba a las demás de una forma despectiva, sin embargo, me sentí integrada cuando una media naranja muy amable, se me acercó —seguramente ella percibió mi estado de conflicto interior y lo más probable es que ella misma haya pasado por lo mismo que estaba pasando yo— y de manera muy cariñosa me aclaró: «No nos reímos de ti, queremos reírnos contigo del absurdo de la vida». Esta aclaración fue importante. Al principio comencé a sonreírme con timidez, para luego reírme y terminé con auténticas carcajadas. ¡No lo podía creer!, como nos burlábamos de nosotras mismas y de situaciones tan dramáticas como cuando la cuchilla nos partió en dos. Sentí correr mis lágrimas por mi piel sin sentirme exprimida, lloraba, pero esta vez lo hacía de tanto reír.

Después de realizar unas cuantas sesiones pude reírme de mi propio sufrimiento y al menos podía hablar de él. Empecé a pensar que la vida tenía esta dualidad básica de cosas que gustas y cosas que disgustas, de situaciones que te agradan y otras que desagradan y que en la medida en que aceptas la vida de manera deliberadamente alegre, podías atrapar al menos algunos momentos que le daban sentido a este absurdo existencial que llamamos vida.

Después de mucho tiempo sentí que me estaba acostumbrando a vivir, a disfrutar, a sentir, a evolucionar… sin embargo cuando volvía a la soledad, nuevamente aparecía la sensación de carencia, de pobreza, la presencia constante de esa sensación de que algo me faltaba.

Muchas veces me refugiaba en mis recuerdos más inmediatos, ocultaba ese sentimiento que me venía de las profundidades y lo tapaba con las memorias de los momentos en que reía sin control, sabía que volvería a encontrarme con momentos como esos que me dan alegría, instantes que quedaban en mi memoria como un registro que despertaba esperanzas, ingredientes necesarios para llegar a vivir de manera más feliz. Después de esta experiencia que al principio rechacé, formé parte del grupo de medias naranjas que estaban de acuerdo que la risa es una práctica sana y terapéutica.

La danza de la vida

«La danza es algo que te conecta con tus raíces y la tierra», esas palabras me transportaron a la época en que estaba conectada al árbol, me nutria desde las raíces, en las profundidades cogía la savia que me nutría en cada momento de mi crecimiento, por ese contacto insipiente con la naturaleza, la noción de los ciclos y los ritmos se me hizo muy natural.

La manifestación de la vida era como una gran danza universal de apariciones, de ritmos, de momentos, espacios y distancias que generaban una profunda armonía dentro de las grandes diferencias. Lo capté con naturalidad e inicié mis momentos de danza y me introduje en un fascinante mundo de conexión con mis fibras más íntimas.

Entré a la danza y al ritmo de la música bailábamos y en pequeños intervalos conectábamos las unas con las otras, siempre mostrando nuestra parte más sensible, acoplándonos dentro de un protocolo y de un cierto acuerdo. Todas manteníamos esas relaciones con unas distancias justa, mientras danzábamos dejábamos que aparecieran impulsos profundos respetando los espacios y las distancias que cada uno debía mantener y cuidar. Descubrí muchas cosas que había olvidado y desperté una memoria que pensaba que estaba dormida, empecé a recordar que todas las naranjas provienen de una misma fuente, tienen una misma base, aunque su desarrollo podría ser infinito en sus múltiples manifestaciones, cada una siendo única e irrepetible, pero en su fondo la materia que nos compone es esencialmente la misma y con certeza regresaremos a ese mismo origen desde donde se había iniciado nuestro linaje.

Aún mi mente básica de naranja trata de comprender ese gran misterio que existe entre la raíz única del origen, la particularidad esencial que nos diferencia a unas de otras y el elemento común que nos hace sentir una sola, más allá de nuestras múltiples diferencias. Este gran misterio que nos hace sentir una sola con conciencia individual y como si fuera poco nos hace sentirnos partes, como si fuéramos una con las millones y millones de naranjas que han existido y que existirán por los siglos de los siglos. Por esta razón no os extrañéis que, de tanto en cuanto, me refiera a las demás naranjas como mis hermanas, pues siento que pertenecemos a una sola familia.

La sensación no desaparecía

Seguí caminando, ahora con una actitud más resuelta, me sentía mejor y tenía la convicción de sanar, busqué todo aquello que fuera terapéutico, al principio con cierta ansiedad por recuperar la forma esférica aprendí todo lo que estaba a mi alcance. Tenía la sensación de que, al redondear la consciencia, vería realizado el sueño de volver a sentirme en la forma esférica original.

A esta altura de mi existencia volví a sentirme íntimamente, y me di cuenta de que en el fondo persistía mi anhelo profundo de encontrar mi media naranja. Claro que era diferente de aquellos primeros tiempos de buscadora; esa buscadora que apenas recordaba: la impetuosa, la que tenía ese comportamiento tan impulsivo, esa que sentía tanto deseo de encontrar a su otra mitad, que no pensaba y se le tiraba encima a cada media naranja que se le cruzaba, que veía su media naranja por todas partes y se fusionaba con cuanta media naranja aparecía en su camino sin detenerse siquiera a observar las características y similitudes de aquellos con que se relacionaba. Al mirar mi pasado sonreía, no me condenaba ni me culpaba por todas las experiencias que fueron sumándose en mi interior.

Pero claro está que con tantos cursos, talleres y prácticas esa media naranja que apareció inicialmente como una presencia, ahora era una evidencia adquiriendo mucha fuerza y autoridad en mí interior, relacionándose perfectamente con la media Navelina partida y con la Navelina ideal.

El huerto de naranjos

Pasé por muchos movimientos de consciencia y sentí la necesidad de conectar con mis fibras más internas, necesitaba estar sola conmigo misma, lejos del bullicio del mundanal ruido de la sociedad y por tanto emprendí la retirada rodando en dirección del huerto de naranjos.

Quería estar sola, pero en la medida que me aislaba y regresaba a mi reducto, a mi origen empecé a sentirme acompañada por dos presencias. Yo que quería meditar en una zona despoblada descubrí que me acompañaba mi media naranja real y mi media naranja imaginaria. Las podía ver con claridad y en este lugar aislado de toda influencia y presencias extrañas pude establecer una correspondencia honesta, transparente y sin ninguna clase de impedimento ni tabú con cada una de mis partes o medias naranjas. Cara a cara yo, la Navelina Real, relacionándome con la Media Naranja que Soy y con la Navelina Imaginaria, que también sentía eran parte de mí yo.

Dentro de mí se estableció un coloquio entre mis partes. La Navelina Real permanecía fiel a su compromiso inicial y perduraba en ella el deseo de encontrar su media naranja, pero con la misma claridad esta búsqueda la quería desarrollar con más asertividad. La Media Naranja que Soy la miró reflexivamente y le preguntó:

—Navelina, ¿en qué te diferencias de la Navelina primera?

La Navelina Real descubrió, y así lo hizo ver, que entre esa Navelina primera y la de ahora la separaba un gran historial y una nueva consciencia. Estaba dispuesta a escuchar y dejarse llevar por los buenos consejos.

En una sinopsis existencial entre ambas mitades comenzaron a desfilar las imágenes del pasado y bajo esa serena mirada de la observadora todos los recuerdos se sumían en una síntesis de consciencia.

Vino el recuerdo de la Navelina que amó ciegamente y de la otra que arrastraba el sufrimiento de la frustración; de la que se dejó llevar por el deseo y de la que terminó confundida entre sus miedos y decepciones; la que se ilusionó por todas las aventuras y la que se desilusionó de todos; la que quiso complacer a los demás, pero que solo buscaba que la amaran; la que siempre tenía grandes exigencias hacia los demás y solo quería controlarlo todo; la que era posesiva y se sentía dueña de los demás y la que terminaba apegándose a todo. Estos y otros recuerdos aparecieron en ese sublime momento.

A pesar de que estas ideas se sucedían una tras otra, permanecía allí una visión más inteligente, prudente, entusiasta, serena y dueña de sí misma.

Esta presencia interior de la Navelina que Soy permitía hacer este recorrido de manera saludable, tenía la capacidad de observar y mantener la cordura, la tranquilidad, la serenidad y el sentido común ante toda clase de experiencia. Esta cordura no negaba el recuerdo de todas las manifestaciones melodramáticas, por el contrario, las incorporaba en mi vida con una paciencia asombrosa.

Al regresar del huerto de naranjos, algo había cambiado en mí. Ya no era la misma, lo sentía y reconocía que algo muy profundo se había producido en ese recóndito sitio en que se asentó el encuentro con mi pasado, la conciliación con mi vida, la unidad y la potencia de mi ser con la realidad interior.

La magia de la comunicación

Esta aparición cada vez más intensa de la Media Navelina que Soy era sana, sólida en su comportamiento, muy inteligente, sabia y mi mejor asesora. Me abrí y comencé a recibir el asesoramiento de esa faceta que me hizo ver que la media naranja, la real, la que para mí era la más evidente, la más palpable y concreta tiene forma de C, es decir, su forma era como el de la letra c que parece una mitad abierta, expuesta y además muy representativa de lo que es una media naranja. A partir de esta pista me sugirió que empezara a buscar mi principal condición y cualidad, que pusiera la vista en la naturaleza esencial. Lo más trascendente es la forma de comunicarse e interpretar adecuadamente lo que somos, ¡ese es el asunto! ¿Quién soy yo? …y la clave era la letra c, la letra que me representaba.

Comencé a darles muchas vueltas a esta sugerencia: la clave es la c… lo pensé una y otra vez hasta que de pronto apareció el eureka, de pronto lo vi. ¡Síííííí!, ¡así es! Mi condición esencial es por lo que más me valoran. Es la vitamina C, salte de alegría, por fin comencé a comprender, hizo sentido y comencé a valorarme mucho más.

La principal característica de la vitamina C es que permite mantenerse sano en situaciones cambiantes como el clima y el cual provoca un alto nivel de estrés.

¡La solución soy yo misma! Eran tanto los niveles de cambio que había sufrido que, lo saludable a simple vista, necesitaba en forma inmediata una verdadera sobredosis de vitamina C.

Los suplementos de vitamina C reducen la presión arterial en quienes son hipertensos y con los niveles de presión a los que me había visto sometida por toda clase de experiencias, la mejor solución para mis problemas de salud era una buena dosis de mí.

La vitamina C también es útil para curar heridas, favorece cicatrizaciones y evita que el ADN de las células de la piel se dañe, obviamente que todas mis historias me habían dañado, marcando mi memoria. Mi piel estaba llena de cicatrices, aún con algunas heridas abiertas. Naturalmente que mi propia vitamina me venía como anillo al dedo, mi pobre piel lo iba a agradecer.

Otra de las cualidades que descubrí es que la vitamina C es un componente antioxidante de la alimentación. Colabora para la absorción del hierro en el organismo, participa en reacciones neurológicas, ayuda a prevenir las infecciones respiratorias y al mantenimiento de las mucosas.

Mi mente se abrió y comencé a disfrutar de muchos pensamientos y sentimientos que me hacían revalorizarme a mí misma. La Media Naranja que Soy, representada por la letra C determina mi esencia que es la vitamina C que contengo de forma natural. Comencé a ver que la vitamina C en su acción preventiva cuando actúa como antioxidante, evita que los radicales libres continúen dañando mis células.

Percibí que tenía que eliminar mi propia radicalidad y todos los esquemas radicales que estaban metidos en mi cabeza. Mis ideas fijas se empezaron a esfumar, además que estos radicalismos de libre no tienen nada, pues cuando actúan lo hacen de tal forma que tienden a conquistar, esclavizar y someter a todo lo que se encuentra a su alrededor.

Volví a respirar profundamente y a sentirme importante. Mi condición vitamínica C colabora en la formación del colágeno, una substancia proteínica necesaria para la cicatrización y la integridad celular… cicatrizar las heridas… Y a partir de esta comprensión note cómo todas mis cicatrices comenzaban a sellarse. Así, volvía a ser y a sentirme fuerte, sana, vital, entusiasta y llena de optimismo. La sanación se estaba produciendo gracias a mi propia naturaleza.

Estaba sanando y volvió aparecer mi gran fantasma, mi otra mitad. A pesar de la euforia que sentía surgió un sesgo de preocupación. Era tanto lo que había sufrido que no estaba dispuesta a echar marcha atrás en el logro de mi estabilidad interior, no era un impulso pasional, pero allí estaba y sentía como si fuera una puñetera idea que volvía a ilusionarme para encontrar mi media naranja.Nuevamente apareció la voz interior de la Media Naranja que Soy quien sonrió pacientemente y susurró: «Busca la respuesta en la comunicación» intenté meditar estas palabras cuando me dijo «Busca la otra mitad».

Nuevamente mi cabeza comenzó a funcionar aceleradamente… repetí para mí misma «la comunicación» una y otra vez resonó su voz «busca tu otra mitad». Era como un acertijo que tenía que resolver, lo medité detenidamente y me vino a la memoria unas enseñanzas que hablaba de la importancia de los símbolos para desentrañar los grandes misterios de la vida. En el pasado muchas iniciaciones se realizaban por medio de la clarificación y lectura adecuada de los ideogramas. Yo misma me había reconocido por una letra que simbólicamente me representaba.

Si la letra C es el símbolo de mi mitad, lo más probable es que mi otra mitad estuviera representada por una letra del abecedario. Cogí un abecedario y me dediqué a observar todas las letras, viendo si alguna de ellas podía redondearme o que tuviera una forma contraria a la C. ¿Cuál será esa letra que redondea la C?

Otra vez sentí esa lucecita de comprensión que se enciende cuando uno atisba una idea. «La letra D» pensé.

«Correcto» me dijo esa voz interior que venía de la Navelina que Soy.

Ahora, con la sensación cierta de encontrar una respuesta verdadera, me emocioné ante la posibilidad de reencontrarme con mi añorara media naranja, mis ojos se llenaron de lágrimas. No podía detenerme, debía continuar, no se me podía escapar la liebre, me sentía más cerca que nunca y no era una emoción como las muchas que tuve en mis experiencias pasadas, esta vez tenía la certeza de estar dando los pasos adecuados.

Mi cabeza tenía que seguir descifrando la puse a funcionar con más agilidad que antes, dabas vueltas y vueltas buscando la respuesta. De pronto me vino unos pensamientos que me asustaron y me encendieron todas las alarmas. Aparecieron frutos que empezaban con la letra D, es decir dátiles, damascos (albaricoques) y duraznos (melocotones). Ante dichas posibilidades la adrenalina se me disparó, mi frecuencia cardiaca se aceleró, mis vasos sanguíneos se contrajeron y un deseo incontrolable por huir del lugar se hizo evidente. La idea de compartir para siempre con una de estas mitades me impactó profundamente.

«No vayas tan lejos» volví a escuchar esa voz interna «Piensa dentro de ti, no sigas buscando fuera lo que está dentro».

Esa voz y esa presencia me tranquilizaron, entonces volví con ahínco a la búsqueda de mi media naranja. Volví mi mirada hacia mí, comencé a analizarme y pensé que, si yo soy en mi condición esencial una vitamina, también mi contraparte tendría una condición similar a la mía.

—¡Claro!, clarísimo… Si la C es una mitad, la D es la otra mitad. ¡La vitamina D!

Por arte de magia mis ideas comenzaron a aclararse. Yo que siempre había actuado hacia fuera lo hice sintiéndome carente, en cierta forma me sentía raquítica y precisamente la ausencia de la vitamina D produce raquitismo y por esta razón se le llama antirraquítica.

Durante todo mi proceso de enamoramiento buscando mi otra mitad, lo había hecho en las sombras, en la más absoluta ignorancia. Precisamente la D se obtiene de la luz, de los rayos luminosos y para mí era un fiel reflejo de poner luz en mi vida.

Antes de unirme me observé a mí y la observé a ella. Yo como C estaba abierta es decir estaba expuesta a toda clase de influencia en cambio la D estaba protegida en su parte más sensible. Era mi mitad, mi memoria original se había activado y la recordaba exactamente como el mismo día en que nos separamos. Ahora me hizo sentido las palabras de un gran sabio griego llamado Platón que dijo que no teníamos nada que aprender simplemente teníamos que recordar. En mi memoria siempre estuvo, nunca me abandonó. El abandono fue algo que se produjo en mí por el impacto de la separación miré hacia el lugar equivocado.

Ahora estaba claro, me he movido todo este tiempo en las sombras, sin poner luz a mi vida, esa es la mayor de todas las carencias, la ausencia de mi propia luz y me daba cuenta de que no es que no la tuviera, es que le había dado la espalda y por tanto siempre ha estado allí para protegerme, fusionarse conmigo y hacernos uno.

Yo que busque por todas partes no me había visto a mí misma, siempre pensé que lo que tenía que redondearme era lo que venía de fuera y esa expectativa que ponía en ese medio terminaba por decepcionarme y destruir mi propia proyección de felicidad.

Me reconocí y volví a reconocerme y en ese reconocimiento sentí esa transformación que redondea cada vez más, simplemente el secreto está en dejar entrar en mi lo que siempre fui en mi interior. Luz, claridad, comprensión de mi proceso, energía pura y amor profundo que todo lo sana.

Mi otra parte, la vitamina D potencia el sistema inmune y es utilizada para combatir las bacterias y virus que nos invaden. Ahora con este conocimiento miro hacia atrás, veo y reflexiono que todas las mitades que me vieron a mi como media naranja eran como virus externos, como bacterias que se adosaban y me consumían, porque todo lo vivido fue como un sueño, una pesadilla alejada de la verdadera naturaleza, una experiencia distanciada de la luz y la claridad. Nada de ello habría ocurrido si yo hubiese mantenido presente esta mitad que en estos momentos me producía una gran integridad, paz, y amor verdadero.

Desde la unión, desde mi amor más profundo, desde la paz más serena. Paz a todas las medias naranjas de buena voluntad y en especial a mis hermanas Navelinas.

Epílogo

El silencio fue profundo mientras todas las naranjas la contemplaban impactadas por la narración. Navelina permanecía ensimismada en sus reflexiones; una introspección misteriosa, tan misteriosa como encantadora. Era una sobreviviente de las circunstancias y todas las naranjas la contemplaban con cariño y un recóndito respeto.

En esos momentos volvió la vista a su entorno y se sintió observada, admirada por quienes tenía cerca. Sin pretender se había transformado en una líder para muchas naranjas que querían resolver el drama existencial de sus vidas y se sintió responsable por este nuevo rol. Decidida y muy consciente del momento dijo:

Nosotras, las naranjas, vivimos de manera parcial; es decir, partidas y cada vez que nos identificamos con una de nuestras partes excluimos la otra. Pero, mis queridas amigas y amigos, todo esto es una gran ilusión, lo único real es que en nuestro sentido más profundo, más allá de nuestras discrepancias, siempre han estado ligadas las tres realidades que conforman la unidad esencial de nuestras vidas. Una especie de sagradísima trinidad, indivisible, incorruptible, íntegra, majestuosa y sublime. Una presencia que integra por una parte nuestro pasado con toda clase de experiencia vivida y, por otra, toda clase de aspiraciones y sueños sobre nuestro devenir. Paralelamente a esto, la capacidad de vivir el presente con toda la intensidad que lo hace un ser despierto.

Lo que fui, lo que soy y lo que seré sólo son facetas del uno mismo que soy y que jamás dejará de ser. Esta realidad es la que predominará siempre en todo momento y en cada lugar.

Así Navelina concluyó su relato: con un amor inconmensurable y con una comprensión ilimitada por quienes buscan en este mundo la coherencia del existir y el sentido de la vida.

Sobre el autor

Quidel Maihue (Los Lagos, Chile, 1957). Orientador filosófico y de técnicas de superación personal. Se ha especializado en filosofía oriental dictando conferencias, impartiendo cursos, talleres y seminarios en Chile, Argentina y España.

Profesor de meditación y práctica zen. Especialista en técnicas de apoyo basadas en el ritmo, la respiración y gestión emocional. Practicante y profesor de diferentes disciplinas de artes marciales desde 1977.

Autor de los libros *El Atleta Espiritual* (2011) y *El cuento del cuento* (2016).

 quidelmaihue.autor

Índice